espinosa

CONSELHO EDITORIAL DE FILOSOFIA

Maria Carolina dos Santos Rocha (Presidente). Professora e Doutora em Filosofia Contemporânea pela ESA/Paris e UFRGS/Brasil. Mestre em Sociologia pela Escola de Altos Estudos em Ciências Sociais (EHESS)/Paris.

Fernando José Rodrigues da Rocha. Doutor em Psicolinguistica Cognitiva pela Universidade Católica de Louvain, Bélgica, com pós-doutorados em Filosofia nas Universidades de Kassel, Alemanha, Carnegie Mellon, USA, Católica de Louvain, Bélgica e Marne-la-Vallee, França, *Professor Associado do Departamento de Filosofia da Universidade Federal do Rio Grande do Sul*

Lia Levy. Professora Adjunta do Departamento de Filosofia da Universidade Federal do Rio Grande do Sul. Doutora em História da Filosofia pela Universidade de Paris IV-Sorbonne, França. Mestre em Filosofia pela UFRJ

Nestor Luiz João Beck. Diretor de Desenvolvimento da Fundação ULBRA. Doutor em Teologia pelo *Concordia Seminary* de Saint Louis, Missouri, USA, com pós-doutorado em Teologia Sistemática no Instituto de História Européia em Mainz, Alemanha. Bacharel em Direito. Licenciado em Filosofia.

Roberto Hofmeister Pich. Doutor em Filosofia pela Universidade de Bonn, Alemanha. Professor do Programa de Pós-Graduação em Filosofia da PUCRS.

Valerio Rohden. Doutor e livre-docente em Filosofia pela Universidade Federal do Rio Grande do Sul, com pós-doutorado na Universidade de Münster, Alemanha. Professor titular de Filosofia na Universidade Luterana do Brasil.

B293e   Bartuschat, Wolfgang.
          Espinosa / Wolfgang Bartuschat ; tradução: Beatriz Avila Vasconcelos ; consultoria, supervisão e revisão técnica desta edição: Udo Baldur Moosburger. – 2. ed. – Porto Alegre : Artmed, 2010.
          156 p. : il. ; 23 cm.

          ISBN 978-85-363-2344-2

          1. Filosofia. 2. Espinosa 1632-1677. I. Título.

CDU 1

Catalogação na publicação: Renata de Souza Borges CRB-10/1922

espinosa

WOLFGANG BARTUSCHAT
Professor de Filosofia na Universidade de Hamburgo, Alemanha

2ª edição

Tradução:
Beatriz Avila Vasconcelos
Doutora em Filologia Clássica pela Universidade Humboldt, Berlim, Alemanha.

Consultoria, supervisão e revisão técnica desta edição:
Udo Baldur Moosburger
Doutor em Filosofia pela Universidade Toulouse II Le Mirail, França.
Professor da Universidade Federal do Paraná.

artmed®

2010

Obra originalmente publicada sob o título *Baruch de Spinoza*, Wolfgang Bartuschat
ISBN 978-3-406-54748-5

© Verlag C. H. Beck oHG, München, 2006.

Capa
Tatiana Sperhacke

Ilustração de capa
© *Bettmann/Corbis*

Preparação do original
Marcos Vinícius Martim da Silva

Editora Sênior – Ciências Humanas
Mônica Ballejo Canto

Projeto e editoração
Armazém Digital® Editoração Eletrônica – Roberto Vieira

Reservados todos os direitos de publicação, em língua portuguesa, à
ARTMED® EDITORA S.A.
Av. Jerônimo de Ornelas, 670 – Santana
90040-340 Porto Alegre RS
Fone: (51) 3027-7000 Fax: (51) 3027-7070

É proibida a duplicação ou reprodução deste volume, no todo ou em parte,
sob quaisquer formas ou por quaisquer meios (eletrônico, mecânico, gravação,
fotocópia, distribuição na Web e outros), sem permissão expressa da Editora.

SÃO PAULO
Av. Embaixador Macedo Soares, 10.735 – Pavilhão 5 – Cond. Espace Center
Vila Anastácio – Cep 05095-035 – São Paulo – SP
Fone: (11) 3665-1100 Fax: (11) 3667-1333

SAC 0800 703-3444

IMPRESSO NO BRASIL
PRINTED IN BRAZIL

Citações e abreviaturas

Espinosa será citado segundo a edição crítica de Gebhardt ou Mignini. Serão empregadas as seguintes abreviaturas:

E	Ética
Ep.	Cartas
KV	Breve tratado sobre Deus, sobre o homem e sua felicidade
PPC	Princípios de filosofia de Descartes
TIE	Tratado sobre a emenda do intelecto
TP	Tratado político
TTP	Tratado teológico-político

As passagens citadas serão identificadas segundo a divisão usual dos textos em capítulos e parágrafos. Na seção "O sistema filosófico", que em essência refere-se à *Ética*, abri mão de caracterizar as citações com a abreviatura "E". As partes desta obra eu indiquei com números romanos, as proposições com números arábicos e de resto usei as seguintes abreviaturas:

app.	Apêndice
ax.	Axioma
c	Corolário
d	Demonstração
def.	Definição
praef.	Prefácio
s	Escólio

NOTA PRELIMINAR

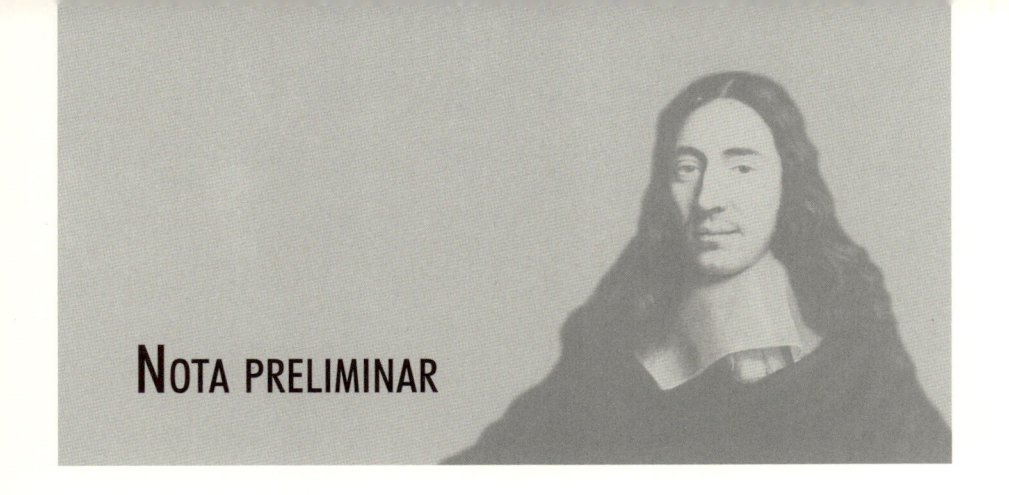

Espinosa é um pensador do passado. Ao contrário do kantianismo ou, ainda, do cartesianismo e do hegelianismo, o espinosismo não marca quase nenhuma presença na discussão filosófica contemporânea; mesmo que hoje um e outro, como outrora afirmara Schelling (em carta a Hegel, em 1795), possa ter se tornado "espinosista" ou, como dissera Goethe (em carta a Jacobi, em 1786), tenha, com Espinosa, adquirido o "ânimo" de contemplar as coisas sob o aspecto de uma eternidade intrínseca a elas. Naturalmente, tem-se como indiscutível que Espinosa foi um "grande" pensador e que, por isso, poder-se-á encontrar em sua filosofia, junto a tanta coisa morta, também algo vivo. É muito fácil, porém, julgar como vivo e atualizável aquilo que, como fragmento, é destacado do contexto sistemático no qual Espinosa expôs sua filosofia – a qual deve ser compreendida justamente como uma crítica a esse procedimento de se considerar algo isoladamente.

Por tal razão, tive a ideia de apresentar o sistema de Espinosa partindo do mesmo princípio de organização desenvolvido em sua obra magna, *Ética*, e dessa maneira evidenciar não apenas a variedade dos problemas objetivos discutidos por Espinosa, mas também a disposição interna do sistema. Para tanto, esforcei-me para oferecer, nos limites da extensão prevista para este livro, uma apresentação completa da filosofia de Espinosa. Os capítulos que abarcam a discussão sobre o sistema filosófico (Capítulo 3), sobre os primeiros escritos de Espinosa (Capítulo 2) e sobre sua teoria política e religiosa (Capítulo 4) foram escritos sob os aspectos de introdução e complementação com vistas ao sistema. Neste livro, para o qual fui animado por Otfried Höffe, apoiei-me na extensa pesquisa sobre Espinosa que eu, desconsiderando os primeiros escritos e a teoria da Religião, resumi em meu livro *A teoria do homem em Espinosa* (*Spinozas Theorie des Menschen*. Hamburgo, 1992). A Tobias Berben e a Katja Crone agradeço pela revisão do manuscrito da primeira edição e pelo apoio na confecção dos índices.

Sumário

Nota preliminar vii

1. Vida e contexto cultural 11

2. Primeiros escritos 28
   Crítica a Descartes 28
   Breve tratado sobre Deus, sobre o homem e sua felicidade 31
   Tratado sobre a emenda do intelecto 34

3. O sistema filosófico 40
   Pressupostos gerais 40
      Método geométrico 40
      Racionalismo 43
      A estruturação da *Ética* 46
   Ontologia 50
      Substância 50
      Atributos 54
      Modos infinitos 57
      Modos finitos 61
   Teoria do conhecimento 64
      Mente e corpo 64
      Conhecimento inadequado 68
      Conhecimento adequado 71
      Conhecimento racional e intuitivo 75
   Doutrina dos afetos 79
      Conatus perseverandi 79
      Dedução dos afetos 82
      Julgamento dos afetos 85
      Configuração racional dos afetos 88

Razão e liberdade humana 92
    A natureza humana 92
    O poder do intelecto 98
    A eternidade da mente 102
    Liberdade humana 108

4. Religião e política **114**
    Religião 114
    Política 120

5. Após Espinosa **130**
    Repercussão histórica 130
    Perspectivas 135

6. Apêndice **139**
    Cronologia 139

Referências **141**
Índice onomástico **151**
Índice remissivo **153**

1
VIDA E CONTEXTO CULTURAL

Baruch (em português: Bento; latinizado: Benedictus) de Espinosa nasceu no bairro judeu de Amsterdam em 24 de novembro de 1632. A família judia De Spinoza (também d'Espinosa) provinha de Portugal. Na Península Ibérica, os judeus eram chamados de *marranos* (porcos), após terem, no século XV, submetido-se à conversão formal, sob pressão da Igreja Católica, ao cristianismo. Tornaram-se, porém, cristãos de aparência, pois em seu modo de vida continuavam comprometidos com a fé judaica. Em razão de seu criptojudaísmo, ficaram expostos a perseguições pesadíssimas, o que resultou numa onda de emigração. Eles procuraram refúgio nos países mediterrâneos e nos países ao norte da Europa – particularmente nos Países Baixos, com Amsterdam como centro cultural e econômico. Lá, instalou-se, depois de 1600, a família de Espinosa.

Os Países Baixos preparavam-se para se tornar uma grande potência. Em 1579 suas sete províncias do norte (Holanda, Utrecht, Geldern, Zeeland, Overijssel, Friesland e Groningen) se unificaram na União de Utrecht, sacramentando assim a sua separação da Espanha. Em 1581, conquistaram a independência política da "República dos Países Baixos Unidos". A luta travada desde 1559 contra a suposta superpotência da Espanha – diligentemente dirigida desde 1572 por Guilherme I, de Orange, como "governador" neerlandês (isto é, como representante do monarca espanhol) –, ocasionada pelo protesto contra uma crescente liquidação de privilégios tradicionais dos estamentos sociais e pelo temor em relação à Inquisição que se delineava, foi por fim bem-sucedida. E pode-se supor que tal sucesso tenha causado uma grande impressão nos judeus perseguidos da Península Ibérica. As províncias, internamente Estados independentes e autônomos, formavam uma união firme a fim de assegurar, no âmbito externo, a soberania conquistada.

Logo elas criaram os fundamentos econômicos capazes de conferir estabilidade a essa soberania. Foram fundados a Sociedade Comercial das Índias Orientais e o banco de Amsterdam, em 1602 e em 1609 respectivamente. Os Países Baixos tornaram-se a potência comercial líder da Europa. Podiam contar com propriedades além-mar na Ásia Oriental, na África e na América e, como nação marítima, dispunham de uma poderosa frota, a qual controlava uma grande parte do comércio internacional. Essa enorme ascensão ocorreu na juventude de Espinosa. Em 1648, ano da Paz da Vestfália, que atestava formalmente também a soberania da República Unida – o florescimento do país alcançou seu ápice. Somente as duas guerras marítimas com a Inglaterra (de 1652 a 1654 e de 1664 a 1667) e, por fim, a guerra contra a França e seus aliados, iniciada em 1672, conduziram a um enfraquecimento da política externa e às dificuldades econômicas daí derivadas; dificuldades, no entanto, das quais o país pôde sempre reiteradamente se recuperar.

Do ponto de vista da política interna, prevaleceu um calvinismo ortodoxo, resultante da luta contra a Espanha católica. No Sínodo de Dordrecht, de 1619, ele conseguiu impor não apenas a condenação dos remonstrantes liberais, mas também o uso da violência contra seus adeptos: o líder político republicano Oldenbarnevelt foi executado, o jurista Hugo Grócio foi condenado à prisão perpétua. O calvinismo ortodoxo apoiava a política do Partido de Orange, que designava o governador, contra o Partido Regente, de tendência republicana. Em particular, o calvinismo combatia o programa de um Estado laico preconizado por este último partido, programa que relegava a religião à esfera interior de uma fé privada e que concedia ao Estado o direito de controle sobre a Igreja. A este programa – que Grócio formulou teoricamente em seu escrito, postumamente publicado em 1649, sobre o poder da soberania em assuntos religiosos (*ius circa sacrum*) – Espinosa esteve ligado por toda a sua vida. Ao Partido Regente, que se tornara dominante em consequência da prosperidade econômica, importava não pôr em risco, por via de formações partidárias oriundas de brigas religiosas, a estabilidade interna da república, que era garantida pelo entrelaçamento econômico de suas lideranças. Por isso, ele pretendia possibilitar amplamente como contra-peso ao calvinismo – que por seu cunho dogmático não podia assumir a forma de uma religião universal, pela qual pessoas com necessidades espirituais diversas pudessem saber-se ligadas umas às outras – a livre expressão de opinião no território do país e tolerá-la de fato. Comparados a outros países, os Países Baixos eram, na Europa de então, um Estado inteiramente liberal.

Assim, ao lado do florescimento econômico que se apoiava sobre a livre atividade de seus habitantes que exerciam o comércio, foi possível naquele país também um florescimento da vida cultural, das ciências e das artes. Hugo Grócio (1583-1645), o grande jurista, político e historiador nascido como Huigh De Groot, em Delft, teria de deixar sua pátria e publicar em Paris, em 1625, sua obra fundamental sobre Direito Internacional, *De iure belli ac pacis*. Porém, pouco depois, o francês René Descartes (1596-1650), um católico, escolhia os Países Baixos como sua pátria espiritual, na qual ele, com alguns intervalos, viveu de 1629 a 1649, e na qual publicou dois de seus mais importantes escritos: *Discours de la méthode* (1637, em Leiden) e *Principia philosophiae* (1644, em Amsterdam). A Universidade de Leiden, fundada no espírito do protestantismo em 1575 como baluarte contra os Países Baixos do sul (espanhóis), tornou-se um centro da vida intelectual europeia, tendo estudantes de toda a Europa. Christiaan Huygens (1629-1695), natural de Den Haag, não tão fortemente ligado ao seu torrão natal e membro das academias científicas de Londres e de Paris, foi um dos maiores físicos e matemáticos de seu tempo. Antoni van Leeuwenhoek (1632-1723), um comerciante de tecidos natural de Delft, conseguiu, com o auxílio de um microscópio feito por ele mesmo, fazer descobertas reveladoras sobre a natureza dos microorganismos. Jan de Witt (1625-1672), um matemático natural de Dordrecht, foi, desde 1653, como pensionista da assembleia da Holanda, por quase duas décadas, a cabeça política que liderava não só esse Estado, mas toda a República Unida. A *Gouden Eeuw* (Idade de Ouro) dos Países Baixos alcançou, com Joost van den Vondel (1587-1679), que vivia em Amsterdam, seu apogeu na poesia e teve sua coroação com os pintores do país, em cujas obras a pintura europeia do século XVII atingiu, no país de Espinosa, o seu ponto alto. Frans Hals (1585-1666), o retratista de Descartes, oriundo dos Países Baixos do Sul, exerceu sua atividade em Haarlem, onde pintou em 1664 seus últimos retratos de grupos. Rembrandt van Rijn (1606-1669), nascido em Leiden, trasladou-se para Amsterdam em 1631 e aí exerceu a pintura. Jan Vermeer (1632-1675), natural de Delft, nasceu no mesmo ano que Espinosa.

Aos imigrantes marranos bastava, de fato, que pudessem exercer o comércio e que lhes fosse permitido desfazer-se da roupagem de seu cristianismo de aparência. Como judeus novos, confessavam-se abertamente como pertencentes a uma religião da qual, intimamente, jamais haviam abdicado, mas, privados há mais de um século de qualquer instrução religiosa, tinham novamente que se orientar nela. No meio cultural da Holanda do norte, com o qual não tinham familiaridade, eles poderiam superar seu sofrido desenraizamento da Península Ibérica apenas se em sua nova pátria se mantivessem firmemente unidos e constituíssem uma estreita comunidade com sinagogas, escolas e associações de convivência. No entanto, inseguros quanto ao conteúdo cultural daquilo que lhes deveria ser comum, isso foi-lhes extraordinariamente difícil. Opiniões doutrinais – não apenas diversas, mas ainda fortemente controversas – dificultavam a coesão dos judeus novos.

O chefe religioso dos judeus de Amsterdam era Menasseh ben Israel (1604-1657), um insigne conhecedor das escrituras sagradas e da tradição do pensamento judaico, um rabino liberal de orientação cosmopolita e atento à conciliação das confissões. Além disso, atuavam adeptos conservadores da cabala, como Isaac Aboab de Fonseca (1605-1693), e rabinos ortodoxos que defendiam fanaticamente o judaísmo, como Saul Levi Morteira (1596-1660), que foi o principal responsável pela exclusão de Espinosa da comunidade judaica. Uma personalidade em certa medida intimamente dilacerada foi Uriel da Costa (1584-1640), um português educado como cristão que, após a ruptura com o catolicismo, mudou-se para Amsterdam em 1614, converteu-se ao judaísmo, mas foi logo denunciado como herético pela comunidade judaica e perseguido. Uriel não fez o pedido de desculpas públicas e, tendo se reconciliado externamente com a comunidade judaica, continuou, não obstante, a polemizar contra ela e, por fim, suicidou-se. Sua vida e seu destino, Espinosa teve claramente ante seus olhos. Conhecido pessoal de Espinosa era o médico Juan de Prado (nascido em 1614 na Espanha; estabelecido entre 1655 e 1660 em Amsterdam; data de morte desconhecida), o principal representante de um judaísmo heterodoxo, que foi banido da comunidade judaica, mas não aceitou o julgamento. Por meio dos escritos de seu oponente, Isaac Orobio de Castro (1617-1687), um representante muito influente da ortodoxia judaica, conhecemos as principais teses de Juan de Prado: crítica a todas as formas tradicionais de revelação divina; dúvida acerca da eleição do povo judeu; leis da natureza como leis imutáveis de Deus; interpretação da religião sob um aspecto unicamente moral, comum a todos os seres humanos. A influência intelectual desse pensador sobre o jovem Espinosa não deve ser menosprezada. Por fim, havia judeus devotos que, dada a preocupação com a salvação da alma, suspeitavam de todas as atividades mundanas dos seres humanos. Fazia parte desse grupo Salvador Pereyra, originário da Espanha e desde 1650 estabelecido em Amsterdam, que, com sua crítica à separação entre política e teologia propugnada por Maquiavel, também tinha em mira Espinosa. Juntamente com muitos outros judeus de Amsterdam, ele era suficientemente ingênuo para ver em um charlatão como Sabbatai Zevi (1626-1676), natural de Smyrna, um novo Messias que, no ano "profético" de 1666, reconduziria os maltratados judeus à terra prometida.

Em vista das controvérsias religiosas, que apenas serviam para causar nos judeus novos ainda mais insegurança, foi apenas uma determinada forma de vida cotidiana ritualizada o elo capaz de mantê-los unidos; eles que, após mais de um século de perseguição, procuravam na nova pátria uma identidade que os unisse. Era a união em uma rígida ortodoxia da forma de vida. Nesse meio cresceu Espinosa, e ele sofreu muito com isso. Logo cedo, teve claramente a visão de o que é a falta de clareza nas coisas do espírito e, com isso, o conhecimento deficiente que obriga os seres humanos a se retraírem a uma posição na qual abrem mão de querer saber e, assim, de fundamentar aquilo que é feito. Espinosa irá chamar isso mais

Ilustração 1
Houtgracht com a casa paterna de Espinosa no bairro judeu de Amsterdam. Gravura de J. de Beyer (propriedade privada).

tarde de fuga para o asilo da ignorância (*asylum ignorantiae*, E I, app.). Tal fuga leva a atividade mental a se paralisar em uma forma de vida que é assumida cegamente e na qual submete-se a um constrangimento que aliena o indivíduo de si mesmo.

O pai de Espinosa, nascido a 1588 em Portugal e estabelecido desde 1623 em Amsterdam, era, além de proprietário de um negócio que comercializava frutas do sul e outros produtos do Levante, um respeitado membro da Sinagoga *Kadar Kadoch* de Amsterdam, na qual atuava por vezes como tesoureiro. Ele foi casado três vezes. Sua segunda mulher, Hanna Debora, foi a mãe de Espinosa; ela morreu quando Baruch tinha seis anos. Logo após a sua morte, o pai casou-se uma terceira vez. Baruch tinha dois irmãos consanguíneos: a irmã Miriam, morta cedo (1651), e o irmão Gabriel, nascido por volta de 1635. Não há certeza sobre quem teria sido a mãe dos dois outros irmãos, Isaac, mais velho, e Rebeca, mais nova. Em casa falava-se português; a língua usual para a escrita era o espanhol (Espinosa tinha em sua biblioteca as obras clássicas da literatura espanhola); na rua, Baruch conseguia escutar o holandês e, tanto quanto possível, também aprendê-lo. O hebraico ele aprendeu já na classe elementar da escola judaica pertencente à comunidade portuguesa, pois era a condição imprescindível para a compreensão do Velho Testamento e do Talmud. A escola "superior", especificamente a escola do Talmud, dirigida pelo já mencionado Rabino Morteira, transmitia também o pensamento judaico da Idade Média e da Renascença. O estudo superior do Talmud, que servia à formação dos rabinos, Espinosa não pôde seguir, pois após a morte de seu irmão Isaac em 1649, aos 17 anos, instado pelo pai, Baruch teve que trabalhar no negócio paterno. A biblioteca da comunidade dava-lhe, no entanto, oportunidade de ainda assim saciar a sua sede de saber.

Em 1654 morreu o seu pai. Seu negócio havia sofrido abalos com o bloqueio ao porto de Amsterdam durante a primeira guerra marítima com a Inglaterra (1652-1654). Baruch precisou assumir o negócio juntamente com o irmão mais novo, Gabriel. Era um momento desfavorável, e a firma recém-fundada "Bento y Gabriel de Spinoza" claramente não dispunha de um proprietário capaz de pôr o negócio novamente em marcha. Ao lado do inexperiente Gabriel estava um irmão que apenas a contra-gosto tomava parte na coisa. Em 1656, quando Baruch foi expulso da sinagoga, e por conta disso não podia mais ser comerciante judeu, a coisa ficou decidida para o mais velho. O irmão no começo tocou o negócio sozinho e em 1664 passou-o adiante, a fim de emigrar para o Caribe.

Em 27 de julho de 1656 pronunciou-se a proscrição de Espinosa da comunidade judaica, após ele já ter sido admoestado por uma chamada "pequena proscrição", à qual ele não reagira de modo a adaptar-se. A proscrição era, também de um ponto de vista social, uma penalidade severa. Espinosa não podia de fato aceitá-la, uma vez que ele não reconhecia a jurisdição de uma instituição religiosa ao lado da do Estado civil. Escreveu em espanhol um texto de defesa intitulado *Apologia*, do qual Pierre Bayle fala em seu *Dictionnaire*, que não foi preservado e manifestamente também não divulgado. Espinosa não se dobrou a nenhuma autoridade amplamente reconhecida, nem mesmo por amor a vantagens sociais. Começou a trabalhar como polidor de lentes, o que fez até o fim de sua vida. Com isso tinha uma fonte de renda, ainda que modesta, obtida de uma atividade própria. Renegar as suas concepções teria sido para ele uma violação do princípio no qual elas estavam ancoradas: estar comprometido com uma racionalidade que pudesse dar, para o próprio fazer, razões passíveis de justificativa perante a razão. Em primeira linha talvez não foram razões teológicas que causaram espécie, mas o rigorismo com o qual Espinosa punha em questão as formas de relações familiares e as praticadas no convívio cotidiano. Uma tal atitude deveria afetar naturalmente também o consenso da ortodoxia calvinista predominante na esfera pública; e, contra ele, os judeus – imigrantes apenas tolerados – não podiam permitir qualquer afronta da parte de livres-pensadores provenientes das próprias fileiras. Assim, foi por fim o esforço de autoconservação da comunidade judaica, em um meio potencialmente ameaçador, o que levou à exclusão de Espinosa.

A atividade comercial de Espinosa levou-o a ter contato com um círculo de comerciantes menonitas liberais (Simon de Vries, 1633?-1677; Jarrig Jelles, †1683; Pieter Balling, †1663/1664), que se reuniam em "colégios" religiosos a fim de ali discutirem abertamente. Nesse círculo de discussão, o jovem Espinosa emancipou-se cada vez mais da estreiteza dogmática da vida judaica. Ao círculo dos colegiados logo juntou-se o editor e livreiro Jan Rieuwertsz (1616-1697), que proporcionou a Espinosa acesso ao que havia de mais importante na literatura da época e a quem este, tendo-o como seu editor, deveria permanecer ligado por toda a vida. Ali, ele foi familiarizado com a corrente filosófica mais importante de seu tempo, a filosofia de Descartes. Na Universidade de Leiden, próxima dali, Adriaan Heerenboord (1614-1661) era desde 1640 um dos professores de filosofia. Em sua obra principal, *Meletemata philosophica*, de 1654, ele deu decididamente continuidade à tendência – inaugurada por seu antecessor Franco Burgersdijk (1590-1635) – de afastamento da filosofia escolástica tardia, marcada pela metafísica do espanhol Francisco Suárez (1548-1617), e ele o fez retomando não apenas a filosofia de Descartes, mas ainda a de Bacon e Gassendi. Em seu esforço por manter a filosofia que tinha de ensinar na Universidade aberta aos mais recentes desenvolvimentos, ele assumiu, na discussão do cartesianismo, tanto a filosofia natural antiteleológica de Galileu – que em razão de seu *Dialogo dei massimi sistemi*, de 1633, tinha entrado em conflito com a Igreja romana – quanto a teoria materialista da mente que Thomas Hobbes formulara em suas objeções às *Meditationes de prima philosophia* (1641) de Descartes e deveria continuar a elaborar em 1655 na primeira parte de sua obra magna *De corpore*.

Assim, por meio das discussões no círculo de amigos e ainda através de um denodado estudo por conta própria (se também foi ouvinte na Universidade de Leiden é incerto), Espinosa familiarizou-se com a filosofia mais recente. Em Amsterdam, provavelmente desde 1655, ele frequentou a escola de latim fundada em 1652 pelo médico e intelectual livre-pensador Franciscus van den Enden (1602-1674). Ali aprendeu não apenas latim, a língua do mundo erudito na qual viria futuramente a escrever, como também um pouco de grego. Ali também conheceu a física que Descartes, em forma de três ensaios, anexara já ao *Discours de la méthode* (1637) e depois desenvolvera sistematicamente em sua obra fundamental *Principia philosophiae* (1644), bem como a mais recente filosofia política de Machiavel, Grotius e Hobbes. Pelos sistemas de Descartes e de Hobbes, ele reconheceu que uma forma de demonstração racional não deveria ficar reduzida à discussão de questões metafísicas em sentido mais estrito, mas, ao contrário, podia levar a resultados também nos campos da natureza e da sociedade.

Não sabemos quase nada sobre os primeiros anos de Espinosa após sua expulsão da sinagoga, anos nos quais deve ter vivido em Amsterdam. Certamente, depois de 1656 ele deu continuidade e aprofundou, no círculo dos colegiados, os contatos intelectuais que haviam acelerado sua ruptura com o judaísmo. Nesse círculo de amigos, cujos integrantes em parte também estudavam na escola privada de van den Enden, Espinosa tornou-se logo a figura intelectual dominante. A ele somavam-se outros: Adriaan Koerbagh (1632-1669), que deveria tornar-se um dos primeiros espinosistas, um iluminista pugnaz, que vinculou a tese da identidade de Deus com a natureza a uma crítica radical da religião e acabou na prisão; Jan Hendrik Glazemaker (1619-1682), que por incumbência de Rieuwertsz traduziu os escritos de Descartes para o holandês e deveria tornar-se também o brilhante tradutor de *Ethica* para essa mesma língua; por fim, Lodewijk Meyer (1630-1681), um médico adepto da filosofia cartesiana, ao lado de Espinosa a cabeça mais independente desse círculo, que em 1666 produziu, no espírito do racionalismo, um escrito crítico da Bíblia (*Philosophia Scripturae interpres...*) e mais tarde, em 1677, teve uma participação essencial na edição da *Opera posthuma* de Espinosa. Também políticos liberais estavam ligados ao círculo, e através deles Espinosa teve indiretamente contato com Jan de Witt que, desde 1653, então com apenas 28 anos, era a cabeça política mais importante da república. Talvez de Witt tenha propiciado algum auxílio financeiro a Espinosa, que praticamente não dispunha de meios; coisa que certamente fizeram os amigos do círculo, em parte comerciantes abastados. Em todo o caso, financiaram a publicação, em 1663, de seu escrito sobre Descartes.

Por volta de 1660 Espinosa mudou-se para a pequena Rijnsburg, nas proximidades da cidade universitária de Leiden, para uma casa recém-construída de um colegiado, a qual, transformada em museu, pode ser visitada ainda hoje nessa localidade sem maiores atrativos. No começo de 1660, quase quatro anos após a primeira proscrição, Espinosa submeteu-se novamente a um interrogatório em Amsterdam, dessa vez na câmara municipal, armado pelos opositores de suas inclinações liberais e talvez instigado pela ainda rancorosa comunidade portuguesa. Isso foi, de fato, uma segunda proscrição. Espinosa deixou sua cidade natal, à qual futuramente só voltaria em segredo. Ele procurou tranquilidade, a fim de poder colocar no papel as ideias até então amadurecidas. Por volta de 1660 terminou seu primeiro escrito, um resumo de sua filosofia, tal como a havia apresentado e discutido no círculo dos colegiados; possivelmente escrito também como documento da discussão comum no grupo. Escreveu-o em latim; foi-nos transmitida apenas uma tradução holandesa da época, que circulou em várias cópias e foi publicada pela primeira vez com uma base textual não muito clara em meados do século XIX. Apenas há 20 anos dispomos de um texto autêntico de tal escrito, cujo título é: *Korte Verhandeling van God, de Mensch en deszelvs Welstand*. Não comprometida com o procedimento da demonstração geométrica, do qual Espinosa fará uso em sua obra principal, essa obra contém já os temas centrais da filosofia madura de Espinosa: a teoria de Deus e do homem (nesta sequência!) e de uma ética a ser dada a partir de uma determinação da relação entre Deus e o homem.

Mas apenas em seu segundo escrito, que ele redigiu em Rijnsburg, Espinosa fez daquilo que se tornou a base de sua ética em sentido estrito o seu tema central: o poder do intelecto, no qual – segundo a *Ethica* – está fundada a liberdade humana. Trata-se do *Tractatus de intellectus emendatione*, escrito talvez em 1661/1662 e que ficou inacabado. Ele fornece o esboço de uma doutrina do método que deve servir à "melhora" do intelecto; é vista, portanto, como um remédio para conduzir os homens dos equívocos da vida cotidiana, que Espinosa descreve no início, à verdadeira felicidade. Nisso, tal tratado lembra muito o *Discours de la méthode* de Descartes, e alguns estudiosos o viram, por isso, como um primeiro escrito cartesianizante,

Ilustração 2
Reconstrução do quarto em que Espinosa trabalhava na casa em Rijnsburg (foto privada).

ainda anterior ao "espinosismo". Esse tratado será publicado na *Opera posthuma* de 1677, na qual Espinosa, que ordenou seus escritos para esta edição, não fizera acolher o primeiro ensaio anteriormente mencionado. Seus editores, os velhos amigos de Espinosa, asseguraram que ele queria ainda reelaborar seu tratado sobre o intelecto. Espinosa observara cedo que as investigações filosóficas acerca de Deus deveriam partir do incondicionado; manifestamente ele reconheceu incorrer em uma aporia caso tomasse a nós como ponto de partida ao procurar, em forma de uma "melhora", conduzir nosso intelecto ao incondicionado, o qual tem, no entanto, sempre que nos determinar caso queiramos ter um conceito adequado dele.

Espinosa demorou para aperfeiçoar sua filosofia. Partes isoladas da sua doutrina enviou-as aos amigos em Amsterdam, com os quais mantinha contato. A correspondência, documentada desde 1661, dá testemunho disso. Espinosa interrompeu apenas brevemente o trabalho naquilo que viria a ser a *Ethica* a fim de escrever uma outra obra. Com um prefácio do amigo Meyer, foram publicados em 1663, por Rieuwertsz, em Amsterdam, *Renati Des Cartes Principiorum Philosophiae Pars I et II...*, que indicavam como autor Espinosa de Amsterdam (*Per Benedictum de Spinoza Amstelodamensem*) e que traziam um anexo com o título *Cogitata Metaphysica*. É o único escrito que Espinosa fez publicar em seu próprio nome. É o resultado do ensino que ele ministrou a um estudante de Leiden, que ele não tinha em muito alta conta. Os amigos haviam-no pressionado a publicar o trabalho, o que lhe era muito bem-vindo, pois a publicação dava-lhe oportunidade de legitimar-se publicamente como um filósofo sólido, familiarizado não apenas com a filosofia mais intensamente discutida da época, mas também com a filosofia escolástica tardia, que continuava sempre atuante. Por isso, a sua própria filosofia, já desenvolvida ao ponto de ter se tornado incompatível com os supostos básicos da filosofia cartesiana (o ponto de partida do *ego cogito* como instância da certeza) e da metafísica tradicional (transcendência do ser divino), fica em segundo plano diante da exposição das teorias alheias e aparece, quando muito, implicitamente. Leibniz, quando ainda não sabia nada da filosofia de Espinosa, pôde designá-lo como um cartesiano entre outros que não fazia nada além de parafrasear o seu mestre (carta a Thomasius, abril de 1669). E Colerus, o biógrafo que não estimava Espinosa, era de opinião que com este escrito "ter-se-ia podido ainda fazê-lo passar por um filósofo respeitável" (*Descrição da vida de Espinosa*, 1705, cap. 11).

No início de 1663, Espinosa mudou-se para Voorburg, nas proximidades de Den Haag, fixando-se em uma localidade mais central. Espinosa estabelecera entrementes contato com diversos cientistas, contato que ele procurava cada vez mais. Já em 1661 conhecera Heinrich Oldenburg (1618-1677), que em 1663 tornou-se o secretário da então recém-fundada

Ilustração 3
Espinosa. Gravura em metal anônima que integra a *Opera posthuma* de 1677. Reimpressão no primeiro volume da edição de Heidelberg das obras de Espinosa.

"Royal Society" em Londres. Até a sua morte, Espinosa manteve com ele uma longa correspondência que, no começo, tinha como tema sobretudo questões de ciência natural relacionadas com as mais recentes investigações do britânico Robert Boyle (1627-1691) e que permite ver como Espinosa compreendia a ciência empírica. Em Voorburg conheceu Christiaan Huygens, que lhe falou de telescópios e de microscópios, o que o fez espantar-se "sobre a precipitação de Descartes" em matéria de ciência (Ep. 26). Por meio de Huygens travou conhecimento ainda com Johan Hudde (1628-1704), um matemático interessado no cálculo de probabilidades que, como amigo político de Jan de Witt, foi incorporado em 1667 ao colégio dos regentes e, mais tarde (1672), viria a ser, por mais de três décadas, prefeito de Amsterdam. Dois ensaios curtos, surgidos em meados dos anos de 1960, *Stelkonstige Reeckening van den Regenboog* (*Cálculo algébrico do arco-íris*) e *Reeckening van Kanssen* (*Cálculo de probabilidades*), são atribuídos por alguns estudiosos a Espinosa. A autoria não é, entretanto, garantida; sendo, antes, duvidosa.

Em julho de 1663, Espinosa escreveu a Oldenburg contando que havia publicado seu livro sobre Descartes também com o fito de despertar o interesse de "alguns homens que em minha pátria ocupam os postos mais altos" para publicações ulteriores de próprio punho; pois ele não intencionava "impor suas opiniões às pessoas contra a vontade da pátria" (Ep.13). Espinosa entendia-se como cidadão do Estado Neerlandês; mas, como filho de imigrantes sem a bagagem cultural destes e sem um novo vínculo religioso, ele permanecia, apesar de todo o contato que buscava, na verdade, um *outsider* sem pátria. "Como vai nosso judeu de Voorburg?", perguntou Huygens a seu irmão em uma carta de Paris. Naturalmente, Espinosa ainda não tinha avançado tanto em sua *Ethica*, em cuja elaboração trabalhava continuamente em Voorburg, a fim de poder publicá-la. Em 1665, interrompeu o trabalho nessa obra e a interrupção deveria durar cinco anos.

Foi um ano agitado nos Países Baixos. A peste, disseminando-se a partir de Londres, alcançou o país e acabrunhou a atmosfera geral. O país encontrava-se na segunda guerra marítima com a Inglaterra e teve que, no mar – seu velho domínio – engolir algumas derrotas. A política de de Witt estava exposta a uma forte oposição interna da parte dos partidários de Orange. Os teólogos reformados viam forças obscuras em ação e apostavam redobradamente na perseguição dos que tinham outra fé. A aparição de um novo messias proveniente de Smyrna, Sabbatai Zevi, atiçou nos antigos irmãos de fé de Espinosa um pendor para uma irracionalidade desmedida. Espinosa começou então a elaborar seu *Tractatus theologico-politicus*, com o qual tencionava intervir na situação intelectual de sua época. Contra uma falsa compreensão que teólogos e políticos tinham de sua própria tarefa, tratava-se de produzir uma defesa incisiva da *libertas philosophandi*. Espinosa queria mostrar que a liberdade do filosofar era não apenas coadunável com a piedade religiosa e com a paz interna do Estado, mas a condição mesma da piedade religiosa e da paz; com a remoção dessa liberdade, seriam suprimidas essas mesmas piedade religiosa e paz, os elementos fundamentais da teologia e da política. Nessa medida, tal escrito de polêmica pode ainda ser compreendido como uma defesa da política liberal de de Witt ou, ao menos, como a tentativa de apoiá-la contra os ataques que se delineavam. O tratado veio a lume em 1670, anônimo, com o editor e o local da edição indicados com nomes fantasiosos (editado por Heinrich Künrath, em Hamburg, mas de fato tendo sido editado por Jan Rieuwertsz, em Amsterdam).

Os anos seguintes são marcados pela intensa polêmica contra o tratado, cujo autor logo ficou conhecido. Tal polêmica instaurou-se já em 1670 e Espinosa tornou-se um homem famoso, ou melhor, famigerado. Uma perseguição a Espinosa, no entanto, não chegou a ocorrer nos Países Baixos – o país liberal mostrou o seu melhor lado. Só em 1674, após mudanças na constelação política, o tratado foi proibido, juntamente com outros livros "blasfemadores de Deus e depravadores das almas", entre os quais estavam a interpretação filosófica da Bíblia feita por Meyer e a tradução holandesa do *Leviathan* de Hobbes. Espinosa opôs-se a uma tradução do tratado para o holandês, o que teria possibilitado sua maior difusão. Em 1668 um de seus primeiros adeptos, Adriaan Koerbagh, foi preso em Amsterdam em razão de um escrito "espinosista", tendo, após o processo, morrido na prisão – evento que atingiu profundamente Espinosa. Tornara-se cauteloso (*caute* era sua divisa), não queria provocar inquietações públicas desnecessárias. Sabia do perigo de uma falsa interpretação de obras publicadas e tomou a decisão de não publicar mais nada.

Em 1670, Espinosa mudou-se de Voorburg para as proximidades de den Haag. Morou em condições extremamente modestas, primeiro na casa de uma viúva e, mais tarde, até a sua morte, na casa de um pintor acadêmico no canal Paviljoen, casa reformada em 1928 e ainda hoje aberta à visitação. Retomou a elaboração de sua *Ethica*. Começou a sofrer cada vez mais de sua doença, a tuberculose. Conhecemos, de retratos, o seu rosto magro com traços de leve melancolia, a tez sulina e o cabelo escuro que, contrariamente ao dos eruditos universais cosmopolitas como Huygens e Leibniz, não era coberto por uma peruca. Em 1672, Espinosa foi ficando cada vez mais abatido. Jan de Witt fora derrubado e, juntamente com seu irmão Cornelis, liquidado pelo povo fanatizado. Liberdade de pensamento, que aposta na racionalidade latente do ser humano, manifestamente não era a coisa que as pessoas esperavam do Estado e que as determinava em suas ações. A França de Luís XIV declarara guerra aos Países Baixos e invadira o país, conquistara Utrecht e estava ante os portões de Amsterdam, apoiada pela Inglaterra e pelos bispos de Colônia e de Münster. O velho e respeitado guerreiro dos Países Baixos, o almirante Michiel de Ruyter (1607-1674), conseguiu salvar mais uma vez sua pátria em uma batalha decisiva contra os ingleses, resguardando para o novo governador, Guilherme III de Orange, a integridade do país. Em maio de 1973, Espinosa visitou o acampamento militar francês em Utrecht, não sendo claro se ele ali teria entrado por encargo do governo como uma espécie de intermediador. Em todo o caso ele, que se ocupava de sua *Ethica* e talvez estivesse trabalhando na sua quinta parte, que expõe a sua teoria da eternidade da mente humana, ainda continuava engajado nos acontecimentos de seu tempo.

Em fevereiro de 1673, Espinosa recebeu um convite para a cadeira regular de professor de Filosofia na Universidade de Heidelberg, convite que fora o reconhecimento da solidez de seu escrito sobre Descartes e a metafísica escolástica, mas que certamente foi feito com ciência da autoria do *Tractatus thelogico-politicus*. O convite do príncipe eleitor do Palatinato para a sua "famosa universidade" vinha com a indicação de que Espinosa, em lugar algum, encontraria um príncipe "que fosse tão favorável [...] aos espíritos excelentes". Foi-lhe garantido: "o Sr. terá a mais plena liberdade de filosofar, na confiança de que o Sr. não venha a abusar disso para perturbar a religião publicamente reconhecida" (Ep. 47). Espinosa declinou o pedido, como ele escreve, após refletir longamente. Em sua carta-resposta (Ep. 48), honrou expressamente a liberdade concedida ao filosofar, mas a limitação desta em função da religião publicamente reconhecida incomodou-o claramente. Além disso, ele se declarou em geral cético quanto a uma atuação na esfera pública, usando o argumento de que os homens, em sua afetividade, tendiam a falsas afirmações e consequentemente apenas arrastariam um professor público para o turbilhão das disputas. Assim, apostou na tranquilidade da vida privada e recusou o cargo público que lhe teria proporcionado um rentável meio de subsistência. Talvez fosse apenas o amor pela Holanda que estivesse escondido por trás disso, talvez o desejo de levar sossegadamente a própria filosofia à sua forma final, ou, ainda, talvez a resignada visão da impossibilidade de uma atuação pública da filosofia. A quinta parte da *Ethica*, na qual é descrito um caminho para a felicidade que, em razão de sua exigência intelectual, permance de fato inacessível a quase todos os homens, assumiu, nessa época, a sua forma final.

Em 1675, Espinosa completou *Ethica*, mas, diante de suas experiências com a esfera pública, não quis publicá-la. Desconfiado, recusou também a entrega do manuscrito a pessoas que não lhe eram suficientemente conhecidas. Leibniz, que, curioso como era, havia ouvido que na Holanda um filósofo judeu elaborava um sistema de grande envergadura, era para Espinosa uma dessas figuras intransparentes. Em 1676, Leibniz, então com 30 anos, visitou Espinosa em seu domicílio em Den Haag: o erudito a apresentar-se soberanamente, como um cosmopolita, ao polidor de lentes adoentado e acometido de tosses em um alojamento despretensioso, porém dominado por uma alentada biblioteca. As ideias que Espinosa lhe apresentou produziram uma tal impressão em Leibniz que este adquiriu imediatamente a *Opera posthuma* e a guarneceu de anotações críticas. Por intermédio do velho conhecido Oldenburg, Espinosa conheceu o jovem matemático e cientista natural Ehrenfried Walter von Tschirnhaus (1651-1708), o qual fez observações críticas perspicazes sobre a relação de atributo e modo e, com isso, sobre as afirmações fundamentais da *Ethica*. Na penúltima das cartas que nos foram preservadas (Ep. 83), Espinosa, no limiar da morte, replicou que até então não pudera redigir nada acerca disso na devida ordem, mas que gostaria de discutir com ele o assunto de uma forma mais clara em uma outra ocasião ("se eu continuar vivo").

O tempo que lhe restou após o término de *Ethica*, Espinosa utilizou-o para se voltar mais uma vez à teoria política. Em 1675, começou a elaboração do *Tractatus politicus*, a morte o impediu de concluí-lo. O texto é interrompido no começo do capítulo sobre a democracia. Um antigo partidário de de Witts, Pieter de la Court (1618-1685; em holandês, Van den Hove), havia escrito vários livros nos quais explicava o bem-estar da Holanda por uma rigorosa liberdade de comércio e de indústria, à qual deveria corresponder uma liberdade religiosa e política. Por meio de uma rede de dependência recíproca entre todos os membros ativos da sociedade, as atividades individuais desimpedidas deveriam levar cada um a se comprometer com a república, o que garantiria a estabilidade. Essas ideias de um equilíbrio intrínseco ao sistema e das forças que nele tomam parte foram desenvolvidas por de la Court juntamente com seu irmão, Johannes, no escrito *Consideratie van Staat ofte Polytike Weegschaal* (Amsterdam, 1661). Espinosa aproveitou o abundante material ali exposto acerca de sistemas políticos passados e presentes e procurou dar-lhe uma base sistemática por meio do conceito de potência (*potentia*), desenvolvido em sua filosofia, e por meio da afetividade humana fundada nessa potência. A sua última obra é uma contribuição à próspera convivência dos homens no espaço público da política, convivência que não se apoia no uso da própria razão, ao que Espinosa sempre deu o seu aval, mas que em seus fundamentos deve ser conforme àquilo que a razão exige.

Na presença de seu amigo Lodewijk Meyer, morreu Espinosa em 21 de fevereiro de 1677, em den Haag, com a idade de 44 anos. Segundo o seu biógrafo, Colerus, ele foi levado ao túmulo na igreja recém-construída em Spui com grande participação da população. Sua valiosa, ainda que não tão volumosa, biblioteca foi preservada. Ainda em seu ano de morte, saiu pela editora de Rieuwertsz, cujo nome foi omitido, a *Opera posthuma*, organizada pelos amigos, a folha de rosto trazia apenas as iniciais "B.D.S.". Ela contém as principais obras – a *Ética*, o *Tratado político*, o precoce e inacabado *Tratado sobre a emenda do intelecto*, uma série de cartas (muitas foram perdidas) e, por fim, como anexo e com uma nova paginação, a *Gramática Hebraica* que, recorrendo a trabalhos preparatórios para o *Tratado teológico-político*,

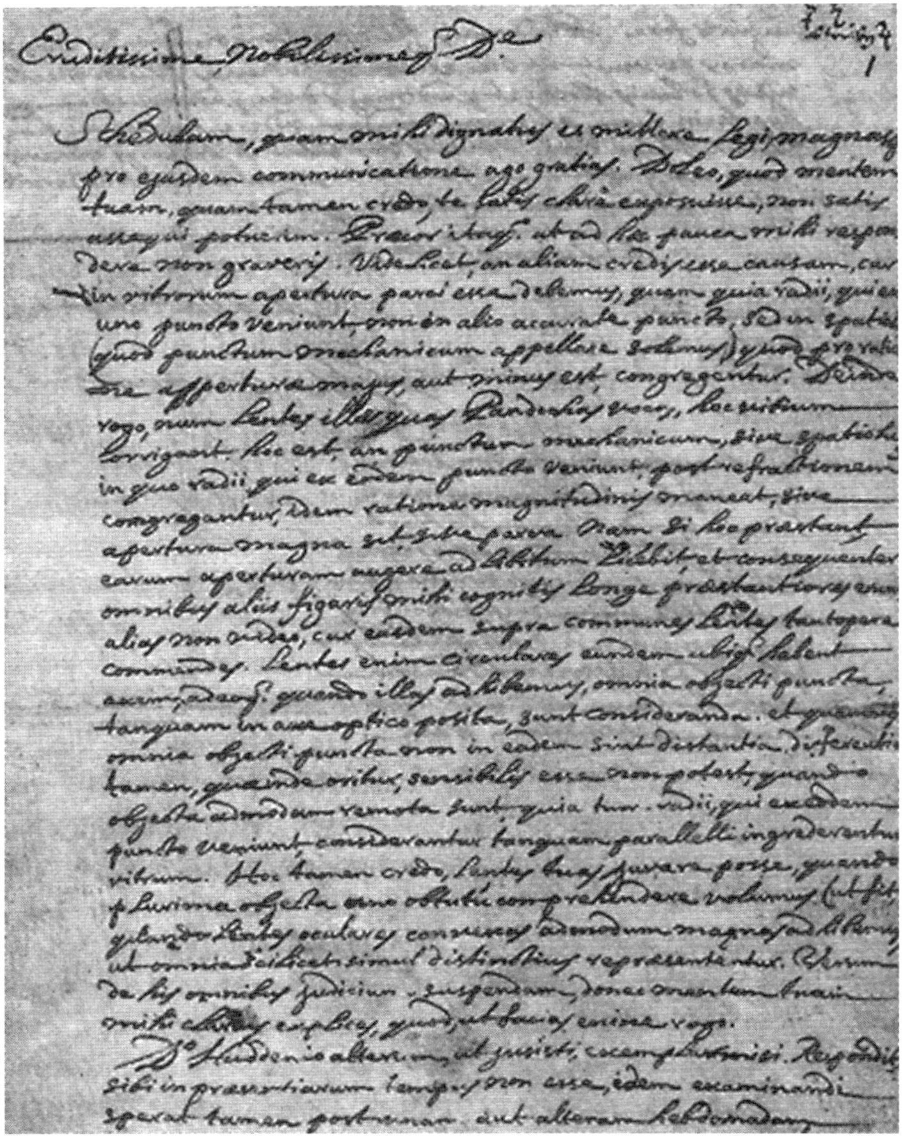

Eruditissime Nobilissimeque Dne

Schedulam, quam mihi dignatus es mittere, legi, magnasque pro ejusdem communicatione ago gratias. Doleo, quod mentem tuam, quam tamen credo, te satis clare exposuisse, non satis assequi potuerim. Precor itaque, ut ad haec pauca mihi respondere non graveris. Videlicet, an aliam credis esse causam, cur in vitrorum apertura parci esse debemus, quam quia radii, qui ex uno puncto veniunt, non in alio accurate puncto, sed in spatio (quod punctum mechanicum appellare solemus) quod pro ratione aperturae majus, aut minus est, congregantur. Deinde rogo, num lentes illae, quas Pandochas vocas, hoc vitium corrigant, hoc est, an punctum mechanicum, sive spatium, in quo radii, qui ex eodem puncto veniunt, post refractionem congregantur, eadem ratione magnitudinis maneat, sive apertura magna sit, sive parva. Nam si hoc praestant, earum aperturam augere ad libitum licebit, et consequenter omnibus aliis figuris mihi cognitis longe praestantiores erunt, alias non video, cur easdem supra communes lentes tantopere commendas. Lentes enim circulares eundem ubique habent axem, adeoque quando illas adhibemus, omnia objecti puncta tanquam in axe optico posita sunt consideranda. Et quamvis omnia objecti puncta non in eadem sint distantia, differentia tamen, quae inde oritur, sensibilis esse non potest, quando objecta admodum remota sunt, quia tum radii, qui ex eodem puncto veniunt, considerantur tanquam paralleli ingrederentur vitrum. Hoc tamen credo, lentes tuas juvare posse, quando plurima objecta uno obtutu comprehendere volumus (ut fit, quando lentes oculares convexas admodum magnas adhibemus) ut omnia scilicet simul distinctius repraesentantur. Verum de his omnibus judicium suspendam, donec mentem tuam mihi clarius explices, quod ut facias enixe rogo.

Dno Huddenio alterum, ut jussisti, exemplar misi. Respondit sibi in praesentiarum tempus non esse, idem examinandi. Sperat tamen post unam aut alteram hebdomadam

Ilustração 4

Início de uma carta de Espinosa ao "mui respeitoso e mui honrado Senhor Gottfried Wilhelm Leibniz, Doutor em ambos os Direitos e Conselheiro em Mogúncia", datada de Den Haag a 9 de novembro de 1671, referente a questões de ótica. Original de posse da Biblioteca do Estado da Baixa-Saxônia, Hannover.

Espinosa escrevera provavelmente no fim de sua vida. Já no mesmo ano de 1677, possivelmente até ao mesmo tempo, publicou-se pelo mesmo editor a tradução holandesa dos escritos póstumos (*De Nagelate Schriften*). Tal tradução tinha sido iniciada, sem dúvida, já durante a vida de Espinosa; ela não se apóia integralmente nos manuscritos que entraram na edição latina. Assim, já no ano da morte de Espinosa foi posto o alicerce, a partir da situação dos textos, para interpretações controversas de sua filosofia, às quais seu conteúdo multifacetado dá ocasião até os dias de hoje.

2

Primeiros escritos

CRÍTICA A DESCARTES

Em 1661, em sua primeira carta que nos foi preservada, Espinosa responde à pergunta de Oldenburg sobre que deficiências via na filosofia de Descartes e de Bacon: "o primeiro e grande erro consiste no fato de que se desviaram para muito longe do conhecimento da causa primeira e da origem de todas as coisas. O segundo, [o fato] de que não conheceram a verdadeira natureza da mente humana. O terceiro, [o fato] de que jamais apreenderam a verdadeira causa do erro" (Ep. 2). Sendo assim, fizeram quase tudo errado, pois se enganaram naquelas questões da filosofia que são centrais para Espinosa, que, por isso, continua: "só pode desconhecer o quão altamente imprescindível é um conhecimento verdadeiro sobre esses três pontos aquele a quem são estranhas toda pesquisa e toda instrução". São os problemas centrais em torno dos quais gira a filosofia de Espinosa: a teoria de um princípio primeiro, que é compreendido como causa de todas as coisas e para o qual tradicionalmente se dá o título de "Deus" (ontologia); a teoria do homem em suas funções mentais, para o que se dá o título de "mente" (teoria do conhecimento); e a teoria de como o homem, com base em suas capacidades mentais, pode orientar-se racionalmente no mundo e nele alcançar um modo de vida que perfaça sua felicidade, modo este que, conforme a finitude do próprio homem, está exposto ao perigo do erro, o qual deve ser evitado em prol de uma vida exitosa (ética).

Aos olhos de Espinosa, a filosofia de Descartes é caracterizada por uma determinação inapropriada da relação mútua entre esses três campos de problemas. Em sua obra *Meditationes de prima philosophia* (1641), Descartes toma como ponto de partida a mente humana e encontra nela um princípio de certeza indubitável fundado em um ato de pensamento autorreferente. Nele, o sujeito dá-se conta da autocerteza de seu pensar sem se referir aos objetos que lhe cabe conhecer (1. Med.) e concebe a si próprio ao mesmo tempo como um ente pensante que está separado de toda corporeidade (2. Med.). Do fato desse ente pensante subsistir por si mesmo, Descartes inferiu a substancialidade de tal ente, ao qual se contrapõe um outro ente, igualmente dotado do caráter da substancialidade, a saber, o campo da extensão e portanto da corporeidade. Para determinar a relação recíproca dessas duas substâncias, notadamente para a questão de como o sujeito pensante emergiria da sua esfera própria, que é o simples pensar, para o mundo corpóreo a ser conhecido, Descartes teve de recorrer a uma instância diversa do sujeito pensante. É então esta instância, entendida como Deus, que primeiro estabelece, como que enquanto terceira substância superordenada, uma relação entre os membros separados do pensamento e da extensão (3. Med.).

Partindo de um eu pensante concebido como não referido a Deus, Descartes chegara então a Deus como aquela instância que compensa a insuficiência que o eu tem de tornar compreensível, a partir de si mesmo, a relação com o mundo. Para Espinosa, isso é um procedimento errôneo em princípio, pois ele não apreende o que é um princípio incondicionado. Partindo de um finito, o incondicionado fica determinado pelo condicionamento do sujeito humano. Tal sujeito não pode jamais livrar-se de seu ponto de partida deficiente e consequentemente o leva para dentro do incondicionado, o qual então é pensado a partir do condicionado e não *como* incondicionado. Pensado a partir do condicionado, o incondicionado não é concebido a partir dele mesmo, mas em um conteúdo que resulta da máxima intensificação possível daquilo que em nós, seres humanos, é imperfeito: aquilo que o homem possui em uma medida modesta (intelecto ou também vontade) pertence em máxima perfeição a Deus, o ser incondicionado. O cartesianismo é, para Espinosa, a variante de uma teoria antropomórfica de Deus.

Ligam-se a isso, para Espinosa, dois problemas. Não só a mente humana fica determinada falsamente quando é determinada independente de Deus, mas também Deus o é ao ser compreendido, na intensificação de nossas faculdades próprias, como um ente que se esquiva à nossa racionalidade. Assim, não se está dizendo nada mais senão que Deus teria regulado a relação das supostas substâncias do pensamento e da extensão de uma maneira racionalmente incompreensível, na qual entra antes em jogo tal como a bondade de Deus, bondade na qual podemos confiar, mas que não podemos conceber (6. Med.). O que Espinosa repreende no racionalista Descartes é essa carência de racionalidade, a concessão de que há restos inexplicáveis aos quais o homem precisa recorrer em sua explicação da constituição do mundo. O caminho que leva da condicionalidade da mente humana à incondicionalidade de um princípio último conduziria necessariamente a um princípio transcendente à mente humana, a um autor que cria do mundo, o qual – enquanto causa e, assim, origem de todas as coisas – não pode ser completamente concebido por um ente deste mundo.

Desse modo, é a exigência de Espinosa por um racionalismo absoluto que conduz à forma característica de sua filosofia e que o leva a criticar a posição cartesiana. Uma tal exigência orienta-se obviamente pelo homem. Espinosa quer mostrar que o homem consegue ter uma vida autodeterminada submetida unicamente à própria razão; razão esta que tem a força capaz de libertar o homem do fato de ser guiado por estados de coisas intransparentes. Mas justamente para essa questão humana é necessário, Espinosa dá-se conta disso cedo, um princípio que não é o homem em virtude de determinadas capacidades subjetivas, mas que é, na linguagem da tradição, Deus, do qual o homem depende. Porém, se esse princípio deve ser princípio de racionalidade, ele não pode ser transcendente ao homem e à sua razão. A causalidade que compete ao primeiro princípio deve ser a da imanência ao mundo, pois só assim esse princípio é concebível racionalmente por um ente finito deste mundo.

À teoria de uma causalidade imanente de Deus, que faz com que Deus seja operativo nas coisas, está ligado um procedimento metódico modificado em relação a Descartes, a saber, que a análise de Deus deve preceder a análise da mente humana a fim de se vislumbrar o modo correto de como um depende do outro. Essa teoria também priva o homem de qualquer possibilidade de escapar por si mesmo dessa dependência e declara a liberdade da vontade como uma quimera. A admissão dessa liberdade resultaria somente do fato de que o homem tem um conhecimento precário das causas intramundanas que o determinam, cuja validade universal é, para Espinosa, uma decorrência da causalidade imanente de Deus. Descartes, no entanto, admitira uma tal liberdade. Já a caminho da autocerteza do eu como um ente pensante, apoiara-se nela na medida em que vira na capacidade inerente ao homem de abster-se de juízos, na qual o sujeito se liberta de todo constrangimento por parte de objetos, igualmente um argumento contra o constrangimento por parte de um espírito enganador onipotente (1ª. Med.). Além disso, em vista da força do intelecto humano, que lhe possibilita, apoiado no critério da clareza e da distinção, um conhecimento verdadeiro, Descartes explicou, com o auxílio dessa liberdade, a possibilidade do erro, que ele via fundada na falta de disciplina de uma vontade tendente a ir além do intelecto e a julgar precipitadamente (4ª. Med.). É uma liberdade da vontade que torna o homem responsável de seu conhecimento errôneo e, com isso, também de seu conhecimento correto; é dela que Descartes finalmente lança mão nas *Passions de l'âme* (1649), também para uma teoria do domínio dos afetos (Art. 41).

Para Espinosa, uma tal teoria é a consequência de uma determinação insuficiente da relação entre Deus e a mente humana. Deficiências em um dos três mencionados campos de problemas acarretariam deficiências nos outros dois campos, pois eles formam, em sua tríade, um nexo coeso. Por isso, a terceira pergunta, sobre o que é atribuível ao ser humano, ou seja, sobre o que ele é capaz para alcançar sua felicidade, só poderia ser discutida com base em uma determinação adequada da relação entre Deus e a mente humana. Só assim seria possível mostrar em que medida pode-se atribuir ao homem uma "capacidade" que lhe seja própria. A isso recorre também Espinosa em sua *Ética*, quando mostra que o homem, ao depender de Deus e ao ser determinado por sua causalidade imanente, não alcança a sua felicidade já por via desse estado de coisas. Segundo Espinosa, ele falha em sua felicidade se, devido a uma carência de conhecimento, ele permanecer nas formas de uma dependência externa, levando uma vida chamada por Espinosa de vida servil. Para escapar a ela, a operatividade de Deus é de fato uma condição necessária, porém não suficiente. Para o homem realizar a felicidade que lhe é possível, ele tem de fazer algo que esteja em seu próprio poder. Nesse caso, ele próprio é a causa do conhecimento errôneo e do verdadeiro. Porém, aquilo que é por ele efetuado não se funda apenas na mente humana, mas na relação que ela estabelece com um princípio que a precede.

Em conexão imediata com a questão dos erros de Descartes e de Bacon, e em que consistiriam, Oldenburg perguntou: "de que maneira, na sua opinião, eles poderiam ser removidos do caminho e se poderia colocar em seu lugar algo melhor fundamentado" (Ep. 1). Espinosa não responde. Um elemento básico de sua filosofia é a noção de que não é necessário suprimir o erro para se chegar à verdade; só pela verdade – ou seja, por aquilo que for melhor fundamentado – é que o erro é suprimido. Nessa época, Espinosa claramente ainda não tinha uma fundamentação nesse sentido, ainda que já tivesse diante dos olhos a ideia de uma sistemática filosófica na qual os três campos de problemas estivessem articulados em uma ordem adequada ao objeto. Mais tarde, a *Ethica*, sua obra filosófica principal, dividida em cinco partes, irá desenvolver esta articulação interna: na primeira parte, a ontologia; na segunda, a teoria do conhecimento e, nas partes 3 a 5, a ética em sentido estrito, na qual desemboca, como deixa claro o título da obra, toda a investigação.

BREVE TRATADO SOBRE DEUS, SOBRE O HOMEM E SUA FELICIDADE

Já o primeiro escrito de Espinosa – *Korte Verhandeling van God, de Mensch en deszelvs Weltstand* – visa, com os três conceitos de Deus, do homem e da felicidade humana, aos três campos na sequência mencionada. Por isso, esse escrito foi também chamado de "ética primordial", como sendo a primeira elaboração do sistema filosófico, que figuraria na *Ethica* de uma forma melhorada e mais amadurecida. Na segunda parte do escrito, encontram-se inúmeras anotações marginais com indicações de conteúdo formuladas concisamente, além de uma sequência de 97 números arábicos, possivelmente feita por Espinosa, que poderia ser interpretada como uma marcação auxiliar para passagens textuais que deveriam ser integradas na obra principal a ser escrita. Espinosa perdeu tal obra de vista, provavelmente já a caminho de seu melhoramento e mais ainda após a forma final e acabada de sua filosofia, de modo que ela não encontrou acolhida em sua *Opera posthuma*. Para nós, ela é de interesse devido às suas deficiências, mais tarde sanadas por Espinosa, que consistem não apenas na forma de apresentação, mas dizem respeito essencialmente ao conteúdo.

Longe do rigor de uma demonstração orientada pela geometria, a forma de apresentação é desequilibrada; repleta de polêmicas contra teoremas de outros tipos e de abordagens corriqueiras; cheia de repetições datalhadas de coisas já ditas, das quais nada mais se segue e que servem somente à mera confirmação. Além disso, a apresentação está em parte permeada de um vocabulário cristológico, é complementada por um anexo no qual se demonstra alguma coisa de maneira geométrica e é arejada na primeira parte por dois diálogos ali interpolados como meio de ilustração de abordagens que se opõem. Ao invés da tríplice disposição anunciada no título, a obra tem apenas duas partes: a primeira trata de Deus; a segunda trata do homem e abrange tanto a teoria do conhecimento quanto a ética.

Na primeira parte, estão desenvolvidos os elementos teóricos essenciais da *Ética* posterior: a natureza atributivamente determinada de Deus, incluindo o atributo da extensão; a causalidade imanente de Deus; o monismo da uma substância e, ligado a isso, a não substancialidade do homem; a necessidade da operação divina e, ligados a isso, a nulidade ontológica das categorias da filosofia moral, o "bem" e o "mal". A segunda parte também contém elementos doutrinais essenciais que serão inseridos na *Ética*: a tripartição das espécies de conhecimento; as teorias do verdadeiro como critério de si mesmo e do falso; a origem das paixões no conhecimento inadequado e o fato de a razão ser caracterizada por meramente julgar os afetos; a imortalidade da alma ligada à intelecção; a liberdade como o estar livre de coerção externa. A segunda parte, porém, é aquela que será fundamentalmente reelaborada na obra principal mais tardia. O problema que ocupará Espinosa não é a teoria de Deus, a qual ele já desde muito cedo vislumbrara claramente, mas a teoria do *homem* com base em uma teoria da estrutura fundamental de Deus.

No *Breve tratado*, ele aborda esse ponto de maneira demasiado simplificada. O conceito central sob o qual Espinosa subsume a teoria da felicidade humana é o de um amor compreendido como união do homem com um objeto de cuja constituição resultam as diversas formas de amor: "o amor, que não é nada mais que fruir de uma coisa e tornar-se unida a ela, nós o dividiremos conforme a constituição de seu objeto, do qual o homem procura fruir e com o qual procura unir-se" (KV II, 5). Relativamente à tripartição da esfera objetiva (à qual Espinosa sempre se ateve) em coisas transitórias (modos finitos), coisas eternas (modos infinitos) e Deus (a uma substância), ele distingue três formas do conhecimento humano nas quais objetos se tornam acessíveis a nós (KV II, 2): os modos transitórios na opinião (*Waan*; na *Ética*, *imaginatio*), os modos eternos na convicção (*Geloof*; na *Ética*, *ratio*), Deus no conhecimento claro (*klare Kennis*; na *Ética, scientia intuitiva*). Não diferentemente do que faz mais tarde na *Ética*, Espinosa liga a felicidade do homem a um conhecer que consegue garantir uma estabilidade da felicidade por ser ele próprio em si estável. Em consonância com a *Ética* está, ainda, o fato de que tal estabilidade é garantida unicamente por um *objeto* do nosso saber, objeto este que a partir de si mesmo estabiliza nosso saber e não o deixa exposto às oscilações da opinião. Não em consonância com a *Ética* está, no entanto, a tese de que a forma suprema de felicidade seria realizada quando o homem chegasse a uma união com Deus por força de um conhecimento no qual o experimentasse de maneira imediata e então o amasse como aquele ao qual deve aquilo que ele é como ente cognoscente (KV II, 22).

Esse conceito de união, posteriormente abandonado por Espinosa, sugere que, na forma suprema de vida humana exitosa, é anulada a diferença entre a substância divina em sua infinitude e o modo finito homem. Isso sugeriria uma interpretação do espinosismo segundo a qual a felicidade suprema do homem consistiria em desvencilhar-se da própria finitude, bem como de todas as formas de atividade a ela ligadas, e fundir-se na uma substância. Nesse primeiro tratado, Espinosa parece estar influenciado pelo pensador judeu Leone Ebreo (cerca de 1465 – cerca de 1525). Sob a influência da filosofia renascentista neo-platônica de Marsilio Ficino e Pico della Mirandola, em seus *Dialoghi d'Amore* (publicados em 1535), Ebreo elevou o amor a um princípio universal que confere às coisas o seu ser e que faz a alma fruir, na forma do amor intelectual a Deus (*amore intellettuale*), seu próprio ser uno com Deus.

No entanto, para o Espinosa maduro, há somente uma união de membros *dentro* dos limites do mundo, isto é, de modos, de preferência de mente e corpo. Isso tinha sido exposto já no tratado de juventude: mente e corpo estão unidos porque a cada corpo corresponde uma ideia e cada ideia é ideia de um corpo e, portanto, um não pode subsistir sem o outro (KV II, Introd.; II, 20). Tal reciprocidade entre ideia e corpo é transferida por Espinosa em seu tratado de juventude, de um ente inerente ao mundo – o corpo finito – à substância divina incondicionada, pois ele compreende o conhecimento desta substância em analogia ao que é a percepção de um corpo, a saber, mera imagem daquilo que ocorre no objeto. Isso faz com que Espinosa exclua uma atividade própria da alma cognoscente e conceba o intelecto como "um mero ou puro padecer" (KV II, 15), no qual algo ocorre conforme a constituição de seu respectivo objeto. A passividade resultante da onipotência de Deus faz com que o homem se torne um "servidor, até um escravo de Deus" (KV II, 18) e o conhecimento de Deus, descrito como "manifestação imediata do próprio objeto" (KV II, 22), apareça como uma intuição que, em sua imediatidade, parece carecer de toda forma de discursividade e, portanto, de racionalidade, aproximando-se de uma visão mística capaz de ser descrita apenas com categorias estéticas ("gostar", "fruir").

O que falta no tratado de juventude é uma análise das condições sob as quais o homem, em sua *finitude*, pode alcançar um conhecimento de Deus; portanto, uma análise daquilo que é o intelecto humano. Isso será feito na *Ética*, na qual Espinosa desenvolve uma teoria da mente humana (*mens humana*) em um espaço que, após a exposição da ontologia (primeira parte), ocupará nada menos que quatro partes de sua obra fundamental. A *imaginatio*, que impede o conhecimento claro e distinto por parte do homem, necessita de uma discussão bem mais ampla (segunda parte), bem como a doutrina dos afetos (terceira parte) enraizada na *imaginatio*, pois só face aos afetos pode-se então demonstrar em que medida o homem é realmente capaz de determinar, por um conhecimento distinto, seu comportamento e, portanto, a condução de sua vida. Para tanto, será requerida uma copiosa discussão sobre o status da *ratio*, situada entre a *imaginatio* e a *scientia intuitiva*, em sua função de uma apreensão das interconexões gerais do mundo (quarta parte). Só então poderá ser dada uma teoria da *scientia intuitiva*, na qual a mente humana não se une a Deus, mas na qual ela se conhece a si mesma de tal modo, a partir de Deus como a sua causa, que esse conhecer determine a sua vida no todo. Em relação a tal conhecimento, deve-se, portanto, mostrar que lhe compete um poder de suprimir de fato outras formas de motivação (quinta parte). Em vista de uma tal problemática, o *Breve tratado* é realmente muito curto. Pois, nele, a alma humana chega rápido demais a Deus porque não é discutido como Deus, que determina objetivamente cada ente, pode ser conhecido pela alma sob as condições específicas da sua própria finitude. Para uma tal discussão, dever-se-ía tematizar a alma humana em sua perspectiva própria e, para tanto, parece obrigatório que a investigação comece com uma análise do intelecto humano.

TRATADO SOBRE A EMENDA DO INTELECTO

Isso ocorre no segundo tratado de Espinosa, o *Tratactus de intellectus emendatione*. A impressão que se tem ali é a de que Espinosa estaria recaindo em uma posição incompatível com sua ontologia anticartesiana. Na verdade, visto de maneira puramente externa, é impossível deixar de reconhecer uma proximidade desse escrito com o *Discours de la méthode* (1635), de Descartes. Espinosa não só o entende como um tratado sobre o método (TIE 30 seg.), como também começa com um ponto de partida que dá a impressão de ser cartesiano. Começa com um "eu", com aquilo que a experiência ensinou a ele, com aquilo que ele mesmo viu e com aquilo que ele mesmo decidiu fazer, a saber, investigar se existe uma possibilidade de desvencilhar-se da nulidade dos bens até então almejados e de alcançar um verdadeiro bem, que seja caracterizado por ser contínuo (TIE, 1). É uma carência que provoca as reflexões do autor, uma carência da conduta de vida até então e uma insegurança em relação ao objetivo pelo qual cabe orientar-se a fim de alcançar uma vida exitosa. É uma carência vivida, que lança o autor no abismo de um desespero existencial (TIE 7) no qual ele finalmente experiencia, como signo de esperança, o fato de que o *mero refletir* sobre a própria conduta de vida já se evidencia num remédio contra a orientação por falsos objetivos (TIE 11). Essa experiência permite-lhe estabelecer um único objetivo em lugar de todos os outros até então tidos: realizar uma vida que tenha como único compromisso a intelecção. Para alcançá-la, são aprovados como úteis em primeira linha aqueles meios que servem para "emendar" e "expurgar" o intelecto (TIE 16). Diante deles, todas as habilidades que podem ser aprendidas alhures (da pedagogia, passando pela medicina e pela mecânica, até a política) que servem sem dúvida para dar conta racionalmente da vida são de importância subordinada (TIE 15), e todas as regras de vida da sabedoria prática são suposições meramente provisórias (TIE 17).

Esta estreita ligação entre ética e conhecimento permanece o tema central de toda a filosofia de Espinosa. Tendo como ponto de partida o sujeito humano que, em sua falta de orientação, procura por um objetivo a ser alcançado – busca para a qual uma faculdade especificamente humana, o intelecto, deve ser melhorada –, essa filosofia parece contrariar a ideia anterior de Espinosa de que a vida exitosa de um ente finito não pode ser ancorada em uma incondicionalidade que, como algo a ser alcançado, seja transcendente a tal ente. Já o *Breve tratado* seguiu as ideias de que o homem só pode se dar conta dessa incondicionalidade se por ela já estiver sempre determinado, e de que o ponto de partida da investigação filosófica deve ser tomado nessa incondicionalidade. De uma incondicionalidade assim compreendida, não se segue, contudo, que o homem de fato já leve uma vida exitosa. Com tal incondicionalidade são compatíveis também formas malogradas de vida, nas quais o homem sucumbe às impressões externas. O *Breve tratado* traz isso à baila, esboçando uma exposição da vida afetiva, na qual o homem se entrega a bens passageiros.

Se assim for, então o homem tem manifestamente que empreender algo contra o fato de ser tomado por suas paixões. Para alcançar sua felicidade, ele necessita, antes de tudo, como a *Ética* o formula ao final (V, 42s), percorrer um caminho que o conduza a si mesmo. Que o homem pode trilhar esse caminho por força de seu intelecto, Espinosa o mostrará em sua obra principal, e justamente isso ele quer mostrar também em seu escrito sobre a emenda do intelecto. Para tanto, ele desconsidera nessa obra muito daquilo que na outra irá desenvolver para afinal, de fato, provar o poder do intelecto: a teoria de Deus em sua articulação atributiva; a teoria da mente humana como um modo finito dependente de Deus; a teoria dos afetos que determinam o homem. Aí, temos muita coisa de genuinamente espinosiano. Mas aqui Espinosa deixa-o fora de consideração porque persegue apenas um propósito *determinado*, a saber, mostrar – como que em contraste com o *Breve tratado* – que o homem conseque distinguir ideias verdadeiras de outras unicamente por força do seu intelecto e que ele pode, portanto, por força *própria*, escapar ao perigo do erro.

É claro que, também quanto a esse aspecto, Espinosa apoia-se em determinados pressupostos ontológicos, notadamente no *status* ontológico da ideia (TIE 33 seg.): que o ser verdadeiro de uma ideia, no sentido da sua concordância com o seu objeto, seria afiançado pelo ser sumamente perfeito que é Deus e que uma ideia seria concebível unicamente a partir dela mesma por ser essencialmente distinta de seu objeto. Espinosa não diz por que razão é assim, pois nesse contexto interessa-lhe unicamente a questão de como nós, seres humanos, podemos adquirir a certeza de estados de coisas. A resposta surpreendente de Espinosa é que, para isso, bastaria investigar como poderíamos *ter* ideias verdadeiras (TIE 35). Que as ideias sejam em geral verdadeiras não depende de nós; que as "tenhamos", ou seja, que sejam algo *para nós* e que as saibamos como verdadeiras, isso, ao contrário, depende de nós, a saber, de nosso intelecto. Para que possamos tê-las, ter-nos-ia que já estar dada uma ideia verdaderia (*idea vera data*, TIE 38), a saber, a ideia de Deus, a qual temos quando refletimos sobre ela (*cognitio reflexiva*, TIE 38). Nessa reflexão, na qual nos tornamos conscientes da ideia de Deus que nos é dada, funda-se todo procedimento metódico que tem como objetivo emendar o intelecto humano. Espinosa entende a reflexão descrita como um processo no qual o intelecto humano desdobra-se de maneira tal que o ato de compreensão crescente de algo, já ínsito nele, representa simultaneamente uma autoemenda crescente do intelecto. Um método que é entendido como um processo desse tipo justifica-se a si mesmo, não precisando de nenhum outro método que ainda tivesse que justificar aquele processo como o acertado (TIE 30-32).

Aqui, agora se mostra uma tensão peculiar, que é característica também da filosofia mais tardia de Espinosa. Enquanto descrição de um autodesdobramento da mente humana, a metodologia pressupõe que o homem orienta-se com seu intelecto pela ideia verdadeira de Deus que lhe é dada. Mas, de fato, isso de modo algum é o caso, pois na maioria das formas de sua percepção o homem não tem consciência de Deus (TIE 19). Em vista desse fato, a doutrina do método *não* é a descrição do decurso de um processo autossuficiente, mas uma doutrina dos meios com a ajuda dos quais o homem pode, contra os seus modos de percepção condicionados pela vida no mundo, percorrer aquele processo como um caminho para o conhecimento verdadeiro. Esses meios são relativos àquilo que impede o homem de conhecer a verdade e, enquanto o homem estiver exposto a tais impedimentos, a ideia de Deus aparece como uma norma que o guia (TIE 37). Na perspectiva passível de erro do homem, a doutrina do método é o verdadeiro ainda por vir; mas, quanto à coisa, ela é a origem de toda a verdade, origem que desde sempre determina o homem. *Se* o homem conheceu tal origem, a verdade aí apreendida não precisaria, de fato, de critério algum que ainda seja diferente desse conhecimento (TIE 36). Mas *para que* ele possa conhecer tal origem, é preciso uma condução a ela que ainda não se mova no chão da verdade.

Por que razão, nesse tratado, Espinosa não parte de Deus, que já é o fundamento de tudo, mas toma a perspectiva do homem em erro? A uma objeção desse tipo, ele responde da seguinte maneira: "se alguém, por alguma sorte, assim procedesse para investigar a natureza, a saber, adquirindo outras ideias em uma ordem apropriada segundo a norma da ideia verdadeira dada, então ele jamais duvidaria da verdade do que ele atingiu, justamente porque a verdade, como o mostramos, revela-se a si mesma; e tudo lhe afluiria até mesmo espontaneamente. Mas como isso jamais ou apenas raramente acontece, fui obrigado a apresentar a coisa assim, de maneira que aquilo que nós, pela sorte, não podemos realizar, nós o podemos ao menos segundo um plano premeditado" (TIE 44). É o fato de levar a sério nossas deficiências gnoseológicas ligadas à nossa finitude o que constrange Espinosa a esse procedimento metódico.

A doutrina do método, orientada por um plano premeditado, foi desenvolvida por Espinosa em apenas dois dos quatro pontos por ele anunciados (TIE 49). O primeiro ponto é a demonstração de que o intelecto é capaz de distinguir ideias verdadeiras de outras, a saber, de ideias inventadas, falsas ou duvidosas (TIE 52-80). Espinosa fundamenta-o dizendo que a verdade de uma ideia não dependeria de outras ideias com as quais essa ideia está em relação nem de um objeto do qual ela é a ideia, mas, sim, de uma forma que compete à própria ideia singular, forma que nosso intelecto poderia conhecer e que, como *conhecida*, dependeria unicamente dele (TIE 71). Quanto a ideias que não são verdadeiras, bastaria mostrar que não se fundam no intelecto, não sendo necessário dar uma teoria de sua origem verdadeira. Por isso, Espinosa crê poder prescindir de uma discussão sobre o que sejam a imaginação (*imaginatio*) e também o corpo humano (TIE 81-90). O segundo ponto é a demonstração de que o intelecto, que é capaz de distinguir ideias verdadeiras de outras ideias, justamente por isso, pode conhecer adequadamente também estados de coisa no mundo. Espinosa desenvolve isso mediante uma teoria da definição "genética" (TIE 91-98) que ele, assumindo as reflexões de Hobbes (*De corpore* I, 5), elucida em uma imagem geométrica: conhecemos o círculo naquilo que ele é (na terminologia tradicional, em sua "essência") quando o conhecemos a partir da *causa* que o engendra, a qual é uma construção nossa e, portanto, um ato de nosso intelecto, ato a partir do qual então também podem ser conhecidas todas as propriedades de uma figura assim construída (TIE 95).

Fica em aberto como a definição genética pode ser aplicada a coisas da natureza realmente existentes. Espinosa vê que, para tanto, cabe acrescentar à ontologia do ser supremo uma teoria dos modos, que pelo visto ainda não lhe está disponível e que está oculta na mera referência a uma função que cabe às "coisas fixas e eternas" (TIE 99-102). Ficam em aberto, ainda, as consequências para a teoria do próprio intelecto, sendo o conhecimento da constituição deste justamente o objetivo do tratado. Enquanto a sua causa não for conhecida, segundo a teoria da definição, ele só pode ser conhecido por suas propriedades, as quais resultaram da sua delimitação frente à *imaginatio* (TIE 107-108), ou seja, não por aquilo que ele é em essência. Se no processo de sua crescente emenda se mostrar que essa causa é a substância divina, então claramente não é de modo algum possível dar uma teoria adequada do intelecto humano sem referência a ela. Isso significa, ao mesmo tempo, que uma teoria do intelecto, concebida sem referência à substância divina, não pode *conduzir* a uma teoria de Deus. Essas reflexões metodológicas são talvez o que levou Espinosa a dar-se conta de que o programa seguido no *Tratado sobre a emenda do intelecto* não é realizável dessa forma, e que uma teoria de como a felicidade do ser humano estaria ancorada em um desempenho de seu intelecto necessita de um outro procedimento metódico.

Para a realização desse programa, Espinosa escreveu uma nova obra, a *Ética*, cuja estrutura apresenta, por razões de conteúdo, uma outra organização. Nessa obra, ele abdicou também da ideia de uma doutrina do método na qual o intelecto se assegura de sua capacidade por um procedimento que pode ser descrito como *independente* da estrutura da realidade pela qual o homem é de fato determinado no uso de seu intelecto. A estruturação da *Ética*, que começa com Deus e compreende a mente humana como um modo que se segue necessariamente da natureza de Deus, poderia fazer parecer errônea a ideia do *Tratado sobre a emenda do intelecto* – a de que dependeria de uma capacidade específica do homem, a saber, do uso do próprio intelecto, para que ele alcance sua felicidade. Mas a teoria da liberdade humana, presente na última parte da *Ética*, também aposta inteiramente na potência de nosso intelecto, tal como deixa claro o seu subtítulo (*de potentia intellectus seu de libertate humana*). E nessa obra fundamental, Espinosa manteve explicitamente aquilo que, no tratado anterior, ele formulara ainda cautelosamente (TIE 108): ideias confusas surgem-nos frequentemente contra a vontade e ideias claras e distintas, ao contrário, seguem-se da necessidade de nossa natureza por dependerem unicamente da potência de nosso intelecto.

Anos mais tarde, em 1666, portanto em uma época em que Espinosa já tinha elaborado grande parte de sua *Ética*, ao responder (Ep. 37) à pergunta sobre "se existe ou pode existir um método mediante o qual poderíamos, desimpedidamente e sem entraves, avançar no pensamento das melhores coisas ou se a mente, tal como nosso corpo, está sujeita às contingências e se nossos pensamentos [por isso mesmo] são guiados mais pela boa sorte que pela arte", Espinosa repete as ideias fundamentais da teoria do método do tratado anterior. A mente humana não seria, tal como o corpo, meramente sujeita às contigências porque em nós (*in nobis*) encontram-se conceitos claros e distintos que, formados por nós, não possuem uma causa estranha a nós. Esses conceitos dependeriam unicamente de nossa natureza, precisamente da potência incondicionada (*absoluta potentia*) de nosso intelecto (*intellectus*), o qual está subordinado a determinadas leis que – ao contrário das leis segundo as quais as coisas externas do mundo acontecem – não são estranhas a nós. Por método não se deve entender, portanto, outra coisa senão o conhecimento do intelecto puro (*purus*), que é puro porque em seus atos ele não está determinado por um corpo sujeito às contingências, mas que, não obstante, deve ser primeiramente levado à sua pureza na medida em que nós somos seres corpóreos e só como tais conhecemos.

Se a *Ética* deixa claro que o esclarecimento sobre a constituição do intelecto humano só pode ser atingido através de uma teoria da substância incondicionada, ela elucida, ao mesmo tempo, que só dessa teoria ainda não se segue que o intelecto possui uma força que, de fato, determina a vida do homem em sua totalidade. Essa é a razão pela qual Espinosa expõe ali detalhadamente o que *impede* o homem de se deixar determinar unicamente por seu intelecto. Se o tratado anterior partiu da constatação da presença de um tal impedimento na vida cotidiana, a obra madura, por sua vez, que não parte desse ponto, o aborda muito mais fortemente por meio de uma discussão detalhada da afetividade humana – que o escrito sobre o intelecto acreditava poder deixar fora de consideração. Nessa medida, a *Ética* também descreve um *caminho* que o homem deve percorrer para alcançar a sua felicidade e, por isso, o *Tratado sobre a emenda do intelecto* pode ser lido como uma introdução à *Ética*; mais precisamente, uma introdução à intenção que, em sua obra principal, Espinosa persegue com uma estrutura metodológica modificada. Essa introdução pode ser bem-vinda ao leitor justamente pelo fato de que a estruturação da obra principal ameaça, antes, ocultar aquela intenção.

3
O SISTEMA FILOSÓFICO

PRESSUPOSTOS GERAIS

Método geométrico

A *Ética*, obra principal de Espinosa, diz já em seu título como está composta: *ordine geometrico demonstrata*. Espinosa faz uso de um método de demonstração amplamente difundido em sua época. Para tanto, muito contribuiu a edição de Euclides, feita pelo matemático Clavius, *Euclidis Elementorum Libri XV* (1574). O cabeça da nova escola de matemáticos de Oxford, Henry Savile, procurara, em suas *Praelectiones tres decim in Principium Elementorum Euclidis* (1621), melhorar em diversos pontos a geometria euclidiana. Em debate crítico com Ward e Wallis, discípulos de Savile, Hobbes (*Six lessons to the professors of mathematicks*, 1656; *Examinatio et emendatio mathematicae hodiernae*, 1660) vira então a utilidade do método geométrico para a exposição de questões filosóficas. Essa utilidade estaria no seu procedimento genético (*demonstratio per generationem*), o qual permite conhecer um objeto a partir da causa que o engendra. Já cedo, em seu *Tratado sobre a emenda do intelecto*, Espinosa tornou essa ideia frutífera para a teoria da definição que apreende a essência de uma coisa, teoria esta que ele elucida, tal como fizera Hobbes, tomando como base o conhecimento do círculo a partir da maneira de sua construção. Ainda no fim de sua vida, a definição do círculo continua sendo para ele o paradigma daquilo que toda definição de uma coisa teria de fazer: explicitar a causa eficiente (*causa efficiens*) da qual então podem ser derivadas todas as propriedades desta coisa (Carta a Tschirnhaus, 1675; Ep. 60).

O que é novo em Espinosa não é o fato de recorrer ao método geométrico, mas sua universalização. Hobbes o limitara aos campos em que os objetos podem ser, de fato, engendrados por nós, reconhecendo por isso o domínio desses campos na matemática – cujas produções nós engendramos – e na política, cujas leis reguladoras da convivência humana são decretadas por nós. A natureza, em contrapartida, poderia ser investigada por tal método apenas na medida em que é matematizável, portanto não na totalidade de seus fenômenos, e para o conhecimento de Deus esse método não seria de serventia alguma. No primeiro escrito sobre o intelecto, Espinosa também considerou – sob a impressão de Hobbes – a definição orientada pelo *mos geometricus*, válida apenas para uma coisa criada (TIE 92; 96) e não para algo que não possua uma causa externa (TIE 97), ou seja, não para Deus. Mas naquela mesma carta a Tschirnhaus, ele refere a definição genética elucidada pela imagem do círculo também expressamente a Deus, cuja definição, a ser correta, teria igualmente que explicitar a causa eficiente.

Isso é possível porque, para Espinosa, Deus, que evidentemente não tem uma causa eficiente externa, é causa eficiente segundo sua determinação *essencial*, não sendo outra coisa para além disso. Para Espinosa, causa eficiente (*causa efficiens*) significa o mesmo que potência (*potentia*). A proposição 34 da primeira parte da *Ética* formula o cerne da teoria de Deus: a essência real de Deus é a sua própria potência (*dei potentia est ipsa ipsius essentia*). Se Deus nada mais é senão causa eficiente, então ele se consuma nessa causalidade e consequentemente naquilo que ele produz, a saber, nas coisas. Por isso, Deus é *simultaneamente* causa de si mesmo (*causa sui*) e causa de todas as coisas (*causa omnium rerum*). Dito de outra maneira: ele só é algo que produz a si mesmo na medida em que ao mesmo tempo produz todas as coisas (I, 25s.). Por conseguinte, ele não é um Deus criador que transcende as coisas e que tem a possibilidade de criar ainda mais e outras coisas do que as que de fato produziu. Sua *potentia* não é potencialidade, mas realidade consumada. Se as coisas nada mais são senão uma consequência necessária da natureza (*essentia*) de Deus determinada como potência (*potentia*), então elas permanecem em Deus. A operatividade de Deus, é nesse sentido, uma "causalidade imanente" pela qual Deus se manifesta completamente nas coisas.

Essa interconexão ontológica permite-nos conceber, em princípio, todas as coisas da natureza segundo o método geométrico na medida em que podemos conceber, a partir das suas causas verdadeiras, as coisas que não produzimos. E permite-nos conceber em princípio tal causa; podemos conhecê-la a partir de seus efeitos porque está *em* coisas acessíveis a nós. A ontologia de Espinosa é uma teoria da inteligibildade universal de todo ente, na qual coincidem ser e possibilidade de ser concebido. Já as definições dos conceitos de base dessa ontologia expressam isto: "por substância, entendo aquilo que é em si e é concebido por si" (I, def. 3). "Por modo, entendo [...] aquilo que é em outro, pelo qual também é concebido" (I, def. 5). Coincidindo ser e possibilidade de ser concebido, então aquilo que se segue da natureza de

Deus também pode ser por nós inferido a partir dela. Para Espinosa, o latim *sequitur* tem, de fato, um significado com respeito às duas coisas; exprime o "seguir-se" objetivo tanto quanto o nosso "inferir" conceptual.

O método geométrico não é, pois, o mero revestimento exterior de um estado de coisas que também pudesse ser exposto de outra maneira, mas a única forma de exposição adequada à coisa. Já o escrito de Espinosa sobre Descartes, ressaltara-o no título. Na medida em que Espinosa coloca os *Principia philosophiae* de Descartes em suas duas partes referidas sob o *more geometrico demonstrata*, ele sinaliza uma compreensão de filosofia modificada em relação a Descartes. Em suas respostas às segundas objeções, anexadas às suas *Meditationes de prima philosophia*, Descartes, exortado a expor em conclusão o todo de suas elucidações segundo o método dos geômetras, apresentara as suas provas da existência de Deus e da distinção da alma em relação ao corpo dispostas ao modo geométrico (*more geometrico dispositae*). Mas esse tipo de apresentação, Descartes salienta-o, nada prova ele mesmo; por isso, é mais fraco que o procedimento praticado nas *Meditações*, e poder-se-ia apenas conferir-lhe um significado pedagógico com respeito ao leitor. O procedimento "analítico" das *Meditações*, que atinge princípios na forma de uma reflexão meditativa, requereria do leitor, a cada um dos seus passos, a máxima atenção, sem a qual a exposição facilmente poderia perder em força persuasiva. Ante isso, o procedimento "sintético" do método geométrico, que tira consequências de proposições prévias, teria a vantagem de conseguir, pela constante referência às proposições prévias, a anuência também do leitor renitente.

Se para Descartes o método geométrico é uma simples ordenação dos argumentos para permitir que os passos do pensamento sejam acompanhados, não tendo, portanto, força probatória, para Espinosa ele é o desdobramento de uma interconexão objetiva que de fato existe entre o princípio supremo e aquilo que se segue dele. Por conseguinte, nele, o "disposta" (*disposita*) cartesiano torna-se um "demonstrada" (*demonstrata*). A principal modificação que, em seu escrito sobre Descartes, Espinosa faz na teoria cartesiana dos princípios pode ser entendida como uma consequência de seu método *more geometrico*. O eu meditante, do qual Descartes afirmara que em seu ato de meditar atingiria um primeiro princípio, a saber, a existência do eu que tem certeza de si mesmo, é entendido por Espinosa como algo precedido por uma outra coisa. É claro que Descartes tinha razão ao afirmar que o enunciado "eu sou" não poderia ser algo primeiro (*primum*) com base em alguma conformação corpórea do eu (PPC I, prop. 3), mas, sim, unicamente porque pensamos; por conseguinte, aquele enunciado é legitimado por nosso conhecimento (PPC I, prop. 4). Mas Espinosa afirma, contra Descartes, que um tal conhecimento, exercido por um indivíduo, já teria que *pressupor* o *ser* deste indivíduo, o "eu sou" (*ego sum*), portanto. Este ser teria que ser conhecido por si (*per se notum*) (PPC I, prop. 2) e, assim, subsistir independente de nosso pensamento. Para demonstrar essa sequência como a adequada à coisa, Espinosa teria, na verdade, que mostrar em que sentido é lícito pressupor que o "eu sou" é conhecido e não uma simples afirmação. Isso não pode, contudo, ser feito no âmbito da filosofia cartesiana, pois uma evidência nesse sentido precisaria apoiar-se em uma demonstração que partisse de um princípio incondicionado que não é o eu pensante. O ponto de partida modificado leva, contra Descartes, à tese de que só tem certeza do seu "eu sou" aquele que ao mesmo tempo tem certeza da causa deste "eu sou", causa sem a qual ele não poderia ser e por conseguinte também não poderia pensar.

Racionalismo

É exatamente neste contexto que é preciso ver os limites que são postos ao método geométrico. Sua aplicação, estrita a um eu pensante, implicaria a afirmação de que o eu pensante poderia ser *deduzido* do princípio divino incondicionado. A isso, Descartes teria objetado que, sob um tal pressuposto, de modo algum poder-se-ia falar de um eu que, em seu pensar, é distinguido pela característica específica de uma sucessão temporal dos seus pensamentos singulares. Em sua resposta às segundas objeções às *Meditações*, ele escrevera que o procedimento geométrico, por mais que promovesse a atenção do leitor, ainda assim não conseguiria satisfazer um leitor ávido de saber. Por não ensinar a maneira como *encontramos* os primeiros princípios, esse procedimento permaneceria exterior à nossa exigência de saber. Como assunto humano, o saber só poderia atingir a sua satisfação a partir de si mesmo e, por conseguinte – assim achava Descartes –, só em um ato subjetivo no qual é encontrado propriamente um fundamento seguro.

Uma tal reflexão não é estranha a Espinosa. Ao final de sua *Ética*, ele escreve: "pois embora na primeira parte eu tenha, de maneira geral, demonstrado que tudo (e consequentemente também a mente humana) depende de Deus segundo a essência e a existência, tal demonstração, no entanto, embora legítima e subtraída ao risco da dúvida, não afeta a nossa mente da mesma maneira como quando isso é concluído da própria essência da coisa singular que dizemos depender de Deus" (V, prop. 36 esc.). Espinosa concluiu isso a partir da mente humana, que é uma coisa singular; para tanto, apoiou-se na característica do conhecimento adequado, o qual compete essencialmente à mente. Espinosa quer exprimir que, em virtude de um tal conhecimento, o homem não *é* só dependente de Deus como qualquer ente, mas ele também se *sabe* dependente de Deus. E por se tratar de um saber no qual ele, ao mesmo tempo, sabe a si mesmo, é a *ele mesmo* que esse saber *diz respeito* de maneira particular.

Em uma tal demonstração, que ocorre a partir de uma característica essencial do homem e está apoiada em uma capacidade especificamente humana, Espinosa recorre a um elemento do qual não é possível ver que pudesse se seguir de uma natureza de Deus concebida sem que estivesse referida ao homem. Partindo da característica do conhecimento humano, só se poderia inferir a natureza de Deus entendida como potência produtiva se essa natureza contivesse uma referência ao conhecimento humano e, portanto, a algo que diz respeito ao homem. Com a forma geométrica de exposição, Espinosa quer, no entanto, exprimir que é estranho à natureza de Deus uma consideração do homem. Precisamente por isso, essa forma é tão útil aos olhos de Espinosa. Ela apresenta uma interconexão do mundo cujos elementos, que Espinosa chama de modos, são meras consequências da natureza de um princípio divino incondicionado, o qual não se põe fins e, portanto, desconhece considerações. Está claro, entretanto, que aos olhos de Espinosa a natureza de Deus, assim compreendida, tem uma função que só faz sentido sob um determinado pressuposto, a saber, que nós homens orientamo-nos por fins.

Quando Espinosa reiteradamente sublinha com vigor que da ausência de fins na causalidade imanente de Deus se deve inferir o caráter ilusório de toda a orientação teleológica dos modos que dependem de Deus, é impossível deixar de observar que, com a sua forma de exposição, que dá expressão a essa ausência de fins, *ele mesmo* persegue *um fim*. A matemática, "na qual não se trata de fins, mas sim apenas das essências e das propriedades das figuras", conforme reza o anexo à primeira parte da *Ética*, poderia libertar os homens de seus preconceitos, dentre os quais se conta essencialmente a suposição de haver interconexões teleológicas, porque lhes mostra uma outra norma de verdade (*aliam veritatis normam*). Em consequência disso, a matemática não só descreve o que é, como também consegue libertar os homens e, destarte, modificá-los. Ao esclarecer os homens acerca da falsidade das suas suposições, ela poderia mudar o estado de consciência daqueles que são presas de ilusões. O método geométrico está a serviço de um racionalismo que reivindica ter, no conhecimento das interconexões do mundo, ao mesmo tempo, um significado eminentemente prático para a orientação dos homens no mundo. Mas a práxis ligada ao conhecimento tem como pressuposto uma deficiência que não se segue da natureza de Deus e que, portanto, não pode ser inferida dela. Está fundada numa constituição específica do homem de cuja realidade Espinosa não duvida, embora não possa ser deduzida da natureza de Deus.

Se as suposições falsas têm como objeto a mera aparência, a filosofia, que corrige a aparência, não trava um combate simulado, mas refere-se a algo real, a saber, ao fato empírico de que há preconceitos humanos que são bastante difundidos. Mesmo que neles não seja conhecida a verdade, mas apenas uma aparência ilusória, eles mesmos não são uma aparência. A ideia do *Tratado sobre a emenda do intelecto* de que há um saber deficiente e de que o homem pode livrar-se dele mediante um saber rigorosamente racional é mantida na *Ética*. Que aquela forma de conhecimento racional na qual a mente humana sabe de sua dependência de Deus é uma força que determina o homem, isso é também exposto após demoradas reflexões nas quais Espinosa desenvolve as razões que se opõem ao fato de essa forma de conhecimento fazer-se valer no homem. Se ela se tornar operativa no homem, isso se deve a ele mesmo, isto é, a uma capacidade própria dele, e só por isso, Espinosa o mostrará, ela chega a ser operativa. É incompreensível, diz Leibniz, que alguém pense com os pensamentos de outrem (*Discours de métaphysique*, § 29). Espinosa também o sabia. Que o homem é um modo em Deus não diz muito sobre o que lhe é essencial e sobre o que lhe é próprio. Caso se aponte o pensar como um traço essencial do homem, como faz Espinosa, não se poderá descrevê-lo como uma modificação do pensamento de Deus. Se o homem pensasse só com os pensamentos de Deus, então ele não pensaria.

    Se com seu tipo de exposição, que nega todas as metas, Espinosa persegue a meta de, mediante um esclarecimento, libertar o homem de ser determinado por algo que lhe é alheio, determinação esta que é causada por um saber insuficiente, então ele supôs que homens em geral perseguem metas. É claro que se trata de metas bastante diferentes. Dentre essas metas, a que Espinosa persegue é, a seus olhos, aquela que é adequada à natureza do homem, a saber, atingir um conhecimento pelo qual o homem consiga determinar a sua vida como um todo. Nesse sentido, a racionalidade possível ao homem, Espinosa procura fazê-la valer contra o enredamento dele em interpretações teleológicas ilusórias do mundo. A constituição da natureza de Deus, desenvolvida na primeira parte da *Ética*, está a serviço dessa meta. É uma condição indispensável para que o homem possa alcançar tal meta, da qual se pode ver, uma vez realizada, que não se trata de uma meta estranha ao homem. A racionalidade da qual se julga o homem capaz é que força Espinosa a não atribuir ao princípio fundamental de sua filosofia, à substância divina, aquelas determinações que tradicionalmente foram atribuídas a Deus – intelecto e vontade.

    Se Deus tivesse que escolher entre coisas diferentes com base em uma reflexão prévia, ele reteria um resto de potencialidade diante da sua realização de fato, a qual, então, também poderia ser diversa por Deus não se esgotar nela. Aos olhos de Espinosa, as concepções de possível e, consequentemente, de contingente põem em risco a racionalidade do saber humano. Contra tais concepções, ele procura demonstrar a necessidade da ordem das coisas a partir da natureza necessária de Deus entendida como causalidade (I, 33). Contra seus oponentes, que aderem ao conceito do possível, defende Espinosa a própria posição com a observação de que aqueles que houvessem compreendido a sua cadeia de demonstrações rejeitariam aquela outra concepção por ela ser um grande obstáculo para a ciência (*magnum scientiae obstaculum*, I, 33 esc. 2). Mas, poder-se-ia objetar, por que a concepção adequada de Deus seria aquilo que está a serviço da ciência? Pois é manifesto que isso só poderá ser afirmado por quem já está interessado em ciência; e esse interesse seguramente não pode ser obtido a partir do conceito de Deus, uma vez que a nossa necessidade de fazer ciência, e por ela chegar a uma orientação racional no mundo, não é uma consequência da natureza de Deus.

E é certo que Espinosa tinha clareza sobre o fato de que, com a sua teoria, estava perseguindo um interesse determinado que, como tal, não pode ser deduzido do objeto da teoria, Deus. Por isso, a observação de que se deve eliminar o obstáculo à ciência não se encontra por acaso num escólio e portanto *fora* do curso da demonstração *more geometrico*, assim como a alusão anteriormente mencionada ao procedimento demonstrativo que diz respeito ao próprio indivíduo. Pois aquilo que pode ser deduzido *more geometrico* da natureza de Deus não pode ser algo que contenha uma referência ao homem e ao entendimento que ele tem de si mesmo. Na primeira parte da *Ética*, as referências ao homem encontram-se, por isso, só nos *escólios* que acompanham as proposições. São, via de regra, referências a teorias de outro tipo ou também apenas a opiniões amplamente difundidas que se originam de nosso saber insuficiente. Aquilo sobre o qual se lança o olhar quando se aponta o saber humano não pode ser conteúdo de proposições, as quais tratam apenas da natureza de Deus.

A referência mais forte ao homem está contida no apêndice da primeira parte, no qual Espinosa reflete *ex professo*, mais fortemente ainda que nos escólios, sobre o propósito que persegue com suas elucidações. E não só para nós, os escólios e o apêndice são um auxílio bem-vindo para a compreensão da estratégia seguida por Espinosa, a qual não chega a ficar muito clara pela falta de uma introdução e pelo magro começo com Deus. Essas passagens podem ser entendidas como elementos integrantes daquilo que é desenvolvido na primeira parte, embora o seu conteúdo não possa ser deduzido da natureza de Deus e, portanto, não se submeta ao rigor do *mos geometricus*. Mas, em vista disso, as proposições sobre a natureza de Deus têm um significado eminente: nelas são expostas as estruturas que possibilitam ao homem, de cujos erros e ilusões falam os escólios, um conhecimento adequado das interconexões do mundo.

A estruturação da *Ética*

Das reflexões sobre a relação entre ontologia e saber humano é possível concluir que a filosofia de Espinosa, exposta na *Ética*, não deveria ser entendida como um sistema dedutivo que busca deduzir estados de coisas a partir de um princípio supremo. A primeira parte simplesmente desenvolve os traços estruturais da natureza de Deus e, quanto a isso, permanece indeterminada em seu conteúdo. É claro que é errônea a interpretação de Hegel (História da filosofia, *Werke*, ed. de Glockner, vol. 19, p. 373) e, antes dele, a de Christian Wolff (*Theologia naturalis* Pars II, § 696) de que o cerne do espinosimo seria o de que distinções de conteúdo dentro do mundo são uma mera aparência que deve ser remontada à nossa faculdade deficiente de conhecimento. Se em Espinosa tudo fosse um, então o espinosismo de fato seria um acosmismo. Mas se o princípio fundamental da uma substância é entendido como razão possibilitadora do saber humano, então ele é concebido simultaneamente como a razão possibilitadora de um mundo de partes realmente distintas. Pois Espinosa não deixa dúvidas de que o saber humano é o saber de um *indivíduo* que se distingue realmente de outros indivíduos e que só como tal pode chegar a saber algo. Um tal indivíduo recebe de Espinosa o nome de um modo finito; e que há modos finitos é um *pressuposto* óbvio do sistema, tão evidente para Espinosa que não chega a ser formulado nem na forma de um axioma. Não se deve ligar coisas demais ao *mos geometricus*, o qual expressa a coincidência de ser e de possibilidade de ser concebido. Modos realmente existentes não estão contidos na natureza da substância da mesma maneira que o predicado de 180° da soma dos ângulos, muito citado no racionalismo, está contido na natureza do triângulo. Modos não são propriedades de Deus, mas sim coisas realmente existentes que, em sua determinidade específica, não podem ser deduzidas da natureza de Deus, por mais que, quanto àquilo que são, sejam unicamente concebíveis a partir dela.

As duas primeiras definições, "causa de si" (*causa sui*, I, def. 1) e "coisa finita" (*res finita*, I, def. 2), marcam os polos dentro dos quais mover-se-á o sistema. E as duas últimas definições, "liberdade" (*res libera*, I, def. 7) e "eternidade" (*aeternitas*, I, def. 8), marcam uma diferença fundamental entre substância infinita e modo finito na medida em que liberdade e eternidade são postas em oposição a algo: ao ser constrangido por algo externo e à duração no tempo, os dois traços característicos de uma coisa finita. É importante ver que as definições simplesmente determinam caracterísiticas das quais é preciso primeiro demonstrar, em proposições, que elas são propriedades de entes. Sinalizam o sentido em que vai a investigação, mas não contêm, como se supõe com frequência, decisão prévia alguma sobre aquilo que a investigação poderá vir a mostrar. Isso também vale para as definições dos três conceitos de base da ontologia espinosiana: "substância" (*substantia*, I, def. 3), "atributo" (*attributum*, I, def. 4) e "modo" (*modus*, I, def. 5). Por isso, é desproposidado afirmar que da mera definição de substância segue-se tudo aquilo que então é desenvolvido em forma de proposições. A definição não enuncia nada sobre uma coisa que fosse uma substância, mas formula *critérios* que uma coisa tem que satisfazer para que se possa dizer que ela é uma substância. O mesmo vale para as definições de atributo e de modo. Divergindo disso, apenas a definição 6 retrata um ente, a saber, Deus, do qual ainda é preciso mostrar, na forma de demonstrações, que ele existe e que ele satisfaz aos critérios formulados na definição, ou seja, que consiste de infinitamente muitos atributos dos quais cada um, a despeito da multiplicidade afirmada, expressa o que é constitutivo do um Deus.

Na primeira parte da *Ética*, Deus é tema sob o ponto de vista introduzido pela primeira proposição, a saber, a de que a substância, quanto à natureza, é prévia (*prior*) aos seus modos, precede-os logicamente, mas de maneira tal que se possa falar de "seus" modos e que se deva, por isso, mostrar nela mesma uma relação com os seus modos. Esse procedimento metódico traz consigo que a inteira análise da natureza de Deus é de tipo meramente *formal*. Ela descobre, no conceito de Deus, elementos em si distintos e torna claro o fato de ele ser um princípio que não é simples, mas uma estrutura em si complexa e, por isso, ele consegue ter uma força explicativa com relação a um mundo em si complexo. Mas esses elementos, dos quais se predica uma multiplicidade, não são determinados quanto ao seu conteúdo. Os elementos da estrutura da substância divina são seus atributos e seus modos na dupla configuração de modos infinitos e finitos. Uma teoria que só trata de Deus, tal como o é a da primeira parte da *Ética*, só pode falar de atributos em geral e de modos em geral. Conteúdos que permitissem distinguir atributos e modos entre si são introduzidos por axiomas indemonstráveis, e isso acontece na segunda parte da *Ética*, que trata da mente humana. Se os axiomas da primeira parte são em grande medida formais, formulando meras relações entre membros tais como "ser em si" e "ser em um outro" (I, ax. 1), causa e efeito (I, ax. 3) ou comunidade e conexão (I, ax. 5), os axiomas da segunda parte são materiais na medida em que se apoiam em um estado de coisas *empírico*. Trata-se sobretudo do fato de que pensamos (II, ax. 2) e de que temos um corpo que sentimos (II, ax. 4). Somente essas determinações materiais levam a uma determinação de conteúdo dos atributos e dos modos, pela qual a tese de uma multiplicidade desses elementos ganha plausibilidade.

Depreende-se daí que a metafísica espinosiana da substância incondicionada é uma metafísica *funcional*, que tem sua legitimação na explicação de uma interconexão fenomênica. Ela não é a teoria de uma substância incondicionada que pode ser contemplada por si e de cuja contemplação se segue analiticamente aquilo que é desenvolvido nas partes ulteriores da *Ética*. É recorrendo a estados de coisas empíricos que essas partes ulteriores desenvolvem pontos de vista por meio dos quais a teoria da substância é justificada de uma maneira tal que consiga explicar tais estados de coisas. Por isso, a leitura da *Ética* não pode chegar ao fim com sua primeira parte, como achavam, em particular, os filósofos do idealismo alemão, interessados no conteúdo especulativo da teoria lá desenvolvida. As partes ulteriores são componentes integrais do sistema que parte da teoria da uma substância. Não têm interesse apenas por transmitir uma compreensão das interconexões fenomênicas que pudesse ter uma força persuasiva também independente da teoria da substância: uma compreensão, por exemplo, do fato de a percepção humana de objetos dar-se com base no mundo da vida (segunda parte); uma compreensão da estruturação da vida afetiva do homem (terceira parte) ou da prática de supressão de afetos por parte de uma razão humana que, para tanto, assume ela mesma a forma de um afeto (quarta parte). Também são de interesse para a teoria especulativa da substância como um princípio explicativo de fenômenos só acessíveis empiricamente.

Quais são esses fenômenos carentes de eplicação, segue-se do *interesse* do autor. Em Espinosa, desde o começo, documentado já nos primeiros escritos é o interesse por uma orientação racional no mundo como a condição para uma vida exitosa, a qual foi tradicionalmente denominada de vida de beatitude (*beatitudo*) e com a qual se conclui a *Ética* (V, 42). Nessa medida, a teoria da substância divina é projetada em vista do homem, mesmo que, do ponto de vista de Deus, o homem não seja uma criatura que se sobressaia em meio a todos os outros modos finitos. Por si, Deus não tem uma relação com o homem, uma vez que, sem intelecto e, portanto, cego, ele não faz distinção nenhuma no reino dos modos. Mas dentre todos os entes, o homem, e isso é significativo também para a teoria de Deus, tem a vantagem de poder dar provas *em si mesmo*, enquanto uma coisa singular, da tese fundamental de que um modo finito depende da substância divina. Para uma tal demonstração, que não é exterior à teoria de Deus porque demonstra um reclamo essencial da teoria, é preciso tomar o homem como ponto de partida.

De fato, é asim que Espinosa procede na segunda parte da *Ética*. Com a mente humana (*mens humana*), ele tematiza o ser em ato (*actuale esse*, II, 11) de uma coisa singular (*res singularis*) cuja realidade está vinculada à duração temporal e à transitoriedade a ela ligada. É possível demonstrar que uma coisa singular assim constituída depende da substância divina a partir da pressuposição de que essa coisa está em condições de se pôr em uma relação com a substância, relação na qual esta última por si não está. E, dentre todas as coisas do mundo, unicamente a mente humana está em condições de fazer isso, pois é capaz de *conhecimento*. Caso se possa mostrar que a mente humana, nas condições que lhe são específicas, só se conhece adequadamente quando se conhece a partir da substância, então está demonstrado a partir dela, portanto de baixo e não de cima, que ela, enquanto um modo finito, é dependente da substância, portanto, a teoria de um princípio incondicionado é incontornável para uma teoria do ente condicionado homem.

Espinosa não quer, contudo, só mostrar que a substância divina é a condição que possibilita ao homem um conhecimento sumamente racional.

Também quer mostrar que o homem tem, nessa forma do conhecimento, a determinação que lhe é adequada, pois com sua ajuda ele pode compreender-se no todo de sua existência. E com isso Espinosa quer mostrar que a teoria da substância tem um significado eminentemente prático. Assim, quando ele anuncia no intróito à segunda parte da *Ética* que, no âmbito dos modos, não investigará tudo do infinitamente muito que se segue da natureza de Deus, mas apenas a mente humana e a sua felicidade suprema, não significa uma limitação qualquer que um autor, que não pode investigar tudo, se impõe movido pela economia do seu trabalho. É somente na tematização da mente humana, e não já na análise da estrutura da substância divina, que a ontologia se dá a entender em seu significado para a teoria do conhecimento e para a ética. Nessa medida, a teoria da mente humana e, com isso, a teoria do conhecimento devem ser entendidas como um momento da ontologia, momento através do qual essa ontologia é concretizada e forma, nessa concreção, a base de uma teoria da práxis humana. Ontologia, teoria do conhecimento e ética constituem uma articulação na qual se condicionam reciprocamente e na qual as partes da *Ética* desenvolvidas mais tarde – visando concretamente ao homem – aplicam a casos mais concretos as estruturas universais que, funcionando ao modo de leis, se seguem da natureza de Deus.

ONTOLOGIA

Substância

A primeira parte da *Ética*, que porta o título "De Deus", contém aquilo que a filosofia das escolas chama, desde o século XVII, de "ontologia", a saber, a doutrina das estruturas universais do ente. Espinosa divide o termo tradicional "Deus" em três conceitos – "substância", atributo" e "modo" – com o auxílio dos quais descreve as estruturas do ente. A determinação mais elementar, a que carrega todo o sistema, é a de que só há uma substância, a qual é Deus (I, 14), e que a esse fato de haver uma única substância está vinculada uma multiplicidade infinita de atributos e de modos, multiplicidade esta interna à substância.

Para Espinosa, é uma substância unicamente aquilo "que é em si (*in se*) e é concebido por si (*per se*), isto é, aquilo cujo conceito não carece do conceito de outra coisa da qual deva ser formado" (I, def. 3). Ao lado do "ser em si", o critério da "possibilidade de ser concebido por si" não admite um dualismo cartesiano de substâncias nem um pluralismo aristotélico de substâncias. Substância já não é aquilo que tem o ser em si por não ser, à diferença de um acidente, em um outro ao qual é atribuído como um predicado. Na maneira de entender de Espinosa, uma substância não pode estar em uma relação exterior com um outro ente, pois em uma tal relação ela só poderia ser concebida a partir dessa relação e, portanto, a partir de algo que ela mesma *não* é. Isso significa que, ao lado da uma substância, não só não pode haver outras substâncias, mas também nada que seja fora dela.

Também aquilo que tradicionalmente foi denominado de acidente não pode, por isso, ser uma determinação exterior à substância que lhe convenha acidentalmente. Acidentes tornam-se "afecções" (*affectiones*) da substância, e Espinosa chama-os de "modos". Eles não são apenas em outro, como se supôs tradicionalmente, mas "dentro de um outro" (I, def. 5). Essa concepção tem como consequência um determinismo universal: modos são tão necessários quanto substância, porque a relação deles com ela é uma relação interna da própria substância. Resulta daí, além disso, que um modo limitado que está em relação com um outro modo limitado não pode ser adequadamente concebido a partir dessa relação, mas unicamente a partir da substância na qual ele é. Com isso, Espinosa cria as condições para uma teoria unificada do mundo segundo a qual todas as partes do mundo, entendidas como modos, têm uma relação interna com um único princípio, no qual elas têm a sua necessidade e a partir do qual elas podem, portanto, ser concebidas como necessárias.

Espinosa define a essência de Deus como potência (*potentia*, I, 34) produtiva, de maneira que a relação interna da substância com os modos deva ser entendida como uma relação de causalidade e, portanto, como uma relação de causa e efeito. Essa concepção dá a Espinosa a possibilidade de ligar uma multiplicidade de modos finitos, em si distintos, à uma só substância. É natural entender os modos finitos como partes dentro da totalidade de uma estrutura interconectada internamente; mas eles não podem estar contidos na substância, que é indivisível (I, 13), como partes *dela*, mas apenas como partes *de um produto* dessa substância. Que os modos sejam dentro de Deus (I, 15) é, por isso, só uma propriedade (*proprium*) da substância para Espinosa, como também são outras determinações de Deus, como, por exemplo, a sua infinitude (I, 8), a sua existência necessária com base no *causa sui* (I, 11) e o ser único (I, 14). Esse dentro de Deus está necessariamente ligado à natureza da substância, mas não constitui a essência desta última, pois a partir desse fato não se pode explicar a natureza da substância em sua relação com os modos. Só o conceito de causalidade (I, 16) permite descrever, a partir da natureza de Deus, para além do quê da inerência das coisas, o como de tal inerência. Os modos são dentro de Deus unicamente porque ele os produziu; são, portanto, efeitos de uma atividade que constitui a natureza dele.

Que tudo seja dentro de Deus é consequência de uma causalidade que, identificada com a natureza de Deus, permanece nos seus produtos –

os modos. Por isso, Espinosa a denomina de causalidade imanente (*causa immanens*, I, 18). Este conceito de causalidade, identificado com a natureza de Deus, tem como consequência outras peculiaridades do espinosismo. Por ser produtivo em virtude de sua natureza, isto é, por não ser senão produtivo, Deus, enquanto "causa eficiente de todas as coisas" (I, 16c1), não é forçado por nada que lhe é exterior (I, 17), portanto, também, por nenhuma consideração de algo distinto dele. Agindo apenas segundo as leis de sua natureza, ele é "causa por si, mas não por acidente" (I, 16c2). Por conseguinte, ele não é um Deus pessoal que pudesse ter uma meta a alcançar – como, por exemplo o bem-estar dos homens. Concebida não como potencialidade, mas como poder que se consuma, a sua natureza não é distinta do ato de produzir as coisas e, portanto, não é uma causa transcendente às coisas. Um princípio incondicionado concebido como um produzir, princípio que se consuma no produzido e que não guarda nada para si diante deste, também não é um intelecto criador que realizaria algo em virtude de uma reflexão prévia.

Ao fazer as coisas serem causadas por um princípio incondicionado cuja natureza nada mais é senão causar, Espinosa cria as condições para uma teoria das estruturas unificadas do mundo que podem ser conhecidas de maneira adequada por um ente finito deste mundo. Conhecer algo é, para Espinosa, conhecê-lo a partir de sua causa (cf. I, ax. 4); a despeito da lmitação do homem, esse conhecimento lhe é, em princípio, possível sem barreiras, porque a causa incondicionada de tudo é uma causa imanente aos modos que pode, por isso, ser conhecida a partir desses modos, ou seja, a partir de algo limitado. Para o mundo, que é o todo dos modos, essa concepção significa que lhe é estranho, tal como à substância, o conceito do meramente possível ou contingente. Um mundo que fosse constituído diversamente do mundo real também deveria ter uma causa que fosse distinta da causa do mundo real, o que suprimiria o caráter único de Deus, que é essencialmente causa (I, 33d). Para Espinosa, portanto, não há mundos possíveis no intelecto de Deus, mas apenas um mundo real. Isso é uma consequência do monismo da substância, o qual implica que a substância está determinada da maneira que o são os modos. A substância, que não tem uma subsistência por si independente dos modos é, por isso, causa de si mesma (*causa sui*), e como tal ela é autossuficiente somente na medida em que é *simultaneamente* causa de todas as coisas (*causa omnium rerum*, I, 25s).

Não obstante, mesmo que a substância só tenha a sua realidade juntamente como os seus modos, os quais produziu por necessidade, ela contém uma diferença fundamental dos seus membros na medida em que um é causa e o outro, efeito. Em sua atividade, a substância divina produz não a si mesma, mas coisas que, Espinosa o deixa isento de qualquer dúvida, em sua *multiplicidade real* representam uma realidade. A insinuação de Pierre

Bayle – de que, se os alemães mataram os turcos, no espinosismo o Deus respectivamente modificado ter-se-ia matado a si mesmo (*Dictionnaire*, 2ª ed. 1702, vol. III, verbete "Espinosa") – é uma caricatura malévola. A tese explícita da ontologia de Espinosa é, antes, a de que há coisas particulares (I, 25c) que, como modos, exprimem a natureza de Deus em certo e em determinado modo (*certo et determinato modo*). Nessa determinidade, um modo singular se distingue de maneira real não só de outros modos singulares, mas também da substância. A locução "*Deus sive natura*" (IV, praef.; IV, 4d), que Espinosa usou apenas à margem, mas que se tornou popular, não deve ser entendida como uma tese da identidade entre Deus e o mundo, sugerindo que as distinções no mundo que não resultassem da natureza eterna de Deus seriam meramente suposições aparentes de um intelecto humano defeituoso. A diferença entre esses membros também foi expressa por Espinosa mediante o par conceptual *natura naturans* e *natura naturata* (I, 29s), no qual o *naturans* está no lugar do ser causa da substância, e o *naturata* está no do efeito dessa substância que, como efeito, contém uma multiplicidade de modos (*omnes modi*).

Quando Espinosa afirma que uma tal multiplicidade só é dentro de Deus e só pode ser tornada compreensível pelo conceito de uma causalidade na qual as coisas permanecem dentro de Deus, ele ainda não está afirmando que a multiplicidade pode ser deduzida da natureza de Deus. Mas a sua afirmação contém uma tese cheia de consequências, a saber, que, na medida em que há uma multiplicidade de singulares realmente distintos, a substância divina também está *dentro* de cada singular por força de sua natureza, a qual se consuma nas coisas. Segue-se disso que o momento da atividade, constitutivo da substância, também convém a cada coisa efetuada da *natura naturata*. De fato, Espinosa arremata a sua ontologia da substância com a seguinte tese: "não existe nada de cuja natureza não se siga algum efeito" (I, 36). Se uma coisa singular é um produto da causalidade *imanente* de Deus, então deve entrar nela aquilo que é constitutivo da substância divina: também como efetuada ela precisa ser causa de efeitos. A ontologia da substância desemboca na demonstração de que isso constitui a natureza ou, como se disse tradicionalmente, o ser essencial (*essentia*) de uma coisa singular. Enquanto produzida por Deus, ela mesma é essencialmente causa, portanto um ente que *é ativo a partir de si mesmo* e que não é apenas efetuado por outros modos. Nessa medida, um modo singular que está necessariamente em relação com outros modos não tem seu ser a partir dessa relação nem pode ser concebido adequadamente a partir dela. Não sendo ele mesmo substância, ele não é um membro meramente não autônomo do todo cósmico, porque há nele algo substancial. Também ele é, não diferente da substância, essencialmente atividade (*agere*), embora, diversamente dela, ele tenha nos outros modos algo fora de si pelo qual ele está limitado e, nesse sentido, também determinado.

Atributos

O problema da relação do um com o múltiplo, central para a ontologia da substância e que Espinosa procura desenvolver como uma relação interna da substância, assume um aspecto particular com a teoria dos infinitamente muitos atributos. Por atributo, Espinosa entende aquilo "que o intelecto percebe da substância como constituindo a sua essência" (I, def. 4). Se Espinosa define o atributo como constitutivo da substância em sua essência, isto é, em seu poder produtivo, então não se pode, a despeito da referência a nosso intelecto, ligar a esse atributo um significado meramente subjetivo, de sorte que ele seja apenas uma forma fenomênica da substância para nós. Ao apontar para o intelecto e, com isso, para o conhecimento, Espinosa pretende apenas salientar que o atributo é aquilo através do qual a substância nos é presente e, destarte, cognoscível. O ponto particular da teoria de Espinosa é que, para conhecermos a substância, basta que conheçamos um único dos seus atributos, pois ela se manifesta indivisa e, portanto, irreduzida em cada um deles. Por isso, Espinosa sublinha que cada atributo é de caráter substancial (I, 10), de maneira que a substância não é uma unidade que precede os atributos, mas sim uma unidade neles. Diversamente dos modos, os atributos não são produzidos pela substância; não são produtos dela, mas os *modos* pelos quais ela é produtiva. Mas por que ela é produtiva de infinitos modos (*infinitis modis*, I, 16), de sorte que lhe convenham infinitos atributos?

O argumento, aparentemente tradicional, que visa à plenitude do ser – "quanto mais realidade ou ser cada coisa tem, tanto mais atributos lhe competem" (I, 9) – não parece ser muito aplicável ao conceito espinosiano de substância na medida em que a substância tem a sua realidade no ato de sua produtividade e, com isso, nos infinitamente muitos *modos* (*infinita*, I, 16) que ela produz. Se, quanto ao conteúdo do seu ser, o mundo dos modos fosse de uma constituição unitária, um único atributo também poderia causá-lo na multiplicidade infinita dos seus componentes. Só que Espinosa está convencido que o mundo não está constituído dessa maneira, pois compõe-se de elementos essencialmente distintos – de coisas mentais e corpóreas – dos quais um não pode ser reduzido ao outro. Nessa convicção, ele segue Descartes; mas, também do ponto de vista do estoque de fenômenos, muita coisa fala a favor dessa hipótese. Caso ela seja acertada e coisas determinadas do mundo sejam essencialmente diferentes, então o ser delas como causadas só pode ser tornado compreensível a partir de uma causa que seja nela mesma diferenciada em correspondência com essa diferença. De fato, Espinosa obtém o *conteúdo* dos atributos que nos são conhecidos – conteúdo que fundamenta a diferença – tirando-o do estado de coisas fenomênico de nosso pensamento e de nossa corporalidade, o qual ele introduz axiomaticamente na segunda parte da *Ética*, na qual o tema somos nós homens. Nessa medida, para Espinosa, a mente e o corpo não são essencialmente diversos por resultarem de atributos essencialmente diversos. A reflexão de Espinosa vai, antes, no sentido de que, *por serem* essencialmente diversos, não poderiam ser concebidos em seu ser se a causa que os produz não fosse, por sua vez, dividida essencialmente em atributos.

Claro, a substância infinita não pode esgotar-se nesses dois atributos que são relativos a uma constituição conhecida por nós, pois ela seria pensada antropomorficamente. Por isso, Espinosa sublinha que lhe competem infinitamente muitos atributos. Mas isso é sem significado para nós, ou seja, para a orientação racional dos homens no mundo, já que o conhecimento adequado da substância é independente de quantos dos seus infinitos atributos são conhecidos por nós. Naquilo que ela é, a substância pode ser conhecida a partir de um *único* atributo, pois, de acordo com a definição de Espinosa, cada atributo contém o que é constitutivo dela. Deus, definido por Espinosa como a substância constituída de infinitamente muitos atributos (I, def. 6), pode ser conhecido por um único dos seus atributos – eis nossa chance. Podemos conhecê-lo por aquilo que é causa do pensamento e, por conseguinte, assim acha Espinosa, podemos conhecê-lo pelo simples pensamento. A partir da causa daquilo que é mental, certamente não se poderia tornar compreensível o mundo material dos corpos, distinto do mental. Causa deste mundo dos corpos, Deus só pode ser se lhe convém o atributo da extensão (*extensio*), que é diverso do atributo do pensamento (*cogitatio*). Isso foi tomado como uma provocação. Mas atribuir a Deus, princípio supremo de tudo, a propriedade da extensão de modo algum implica um materialismo. Essa tese também não precisaria ser tão desmedidamente provocadora para a teologia tradicional se os representantes desta última tivessem observado que Deus é diferente das coisas e, desse modo, como causa do extenso, ele mesmo não é extenso. Mais provocador já é o fato de o atributo do pensamento (*cogitatio*), que convém a Deus e que é uma determinação que soa tão familiar, enquanto causa de pensamentos ou ideias, não ser um ato do pensamento – Deus portanto não pensa e não tem um intelecto.

Assim como a multiplicidade dos atributos é funcional em relação ao mundo dos modos, da mesma forma o é a sua unidade. Os atributos têm a sua unidade não em uma entidade que os precede, mas no fato de um ato produtivo – de modos essencialmente diversos, isto é, sob atributos diversos – produzir algo essencialmente diverso, o qual tem uma e idêntica causa em virtude de um e idêntico ato. Essa funcionalidade dos atributos, que visa ao efeito, tem consequências significativas para a constituição do mundo dos modos produzido pela substância divina. Mente e corpo perdem o caráter (cartesiano) da substancialidade, tornando-se modos causados por uma substância que está em sua essência, isto é, como poder produtivo, em si dividida conforme a distinção cartesiana de mente e de corpo. Por ser a substância produtiva enquanto dividida, seus membros essencialmente distintos (mente e corpo) têm, um para com o outro, uma relação *originária* que não precisa ser estabelecida a partir de um dos membros. Aí está contido que cada ideia é ideia de um corpo, e que a cada corpo corresponde uma ideia. A questão cartesiana de como a mente pode, em seu pensar, atingir objetos materiais é, por isso, uma questão sem sentido para Espinosa, visto que o pensamento sempre está nos objetos materiais. Além disso, aí está contido que cada ideia também é verdadeira na medida em que verdade consiste em adequação da ideia ao objeto, e que tal adequação está garantida pela divisão atributiva de Deus. Devido ao fato de o conceito de verdade estar vinculado a um estado de coisas ontológico que, independente do modo de nosso conhecimento, já está na base de todo o nosso conhecimento, Espinosa introduz essa compreensão de verdade axiomaticamente em conexão com a ontologia (I, ax. 6).

A tese de que todas as ideias são verdadeiras, que se apoia na natureza atributivamente determinada da substância divina, expressa em medida eminente a concepção básica da ontologia de Espinosa de que, em princípio, todo ente é inteligível. Se o poder produtivo de Deus está originariamente articulado de maneira que, junto com todas as coisas, dele se seguem simultaneamente as ideias delas, então o ser em si das coisas (em terminologia escolástica: *esse formale*) coincide em princípio com a sua objetivação (naquela terminologia: *esse ojectivum*). Isso não é o caso, porque Deus teria conhecido as coisas antes de criá-las e elas seriam, assim, conformes ao seu conhecimento (II, 6), mas porque ele, quando as produz, ao mesmo tempo necessariamente as produz sob o atributo do pensamento. Como produtos da substância, as ideias não vão além das coisas reais nem ficam aquém delas. Produzidas sob atributos distintos, ideias e coisas estão, em sua diversidade, submetidas ainda assim à mesma forma de causalidade produtiva e, com isso, àquilo que pode ser concluído dessa forma quanto ao fato de serem efetuadas. Estão entre si em uma relação de correspondência ou, caso se queira empregar a expressão de Leibniz, de paralelismo. A formulação de Espinosa quanto a isso é a seguinte: "a ordem e a conexão das ideias é a mesma que a ordem e a conexão das coisas" (II, 7).

Ao mesmo tempo, está contido aí que a esfera das ideias, não diferente da dos corpos, é um campo fechado em si que não atua sobre o outro campo. Aquilo que no campo dos modos é objeto de ideias não é causa delas (II, 5). Enquanto ideias de corpos, as ideias não são causadas por corpos, tampouco podem ser causas de processos motores do corpo (III, 2). Uma ideia determinada só pode ser causada por uma outra ideia determinada, e um corpo determinado, só por outro corpo determinado, ao passo que um atributo distinto da substância divina é a causa de ideias e de corpos em sua essência. Assim, eventos mentais e corporais são, de um lado, essencialmente diversos, mas de outro lado, Espinosa o acentua em um escólio, são *aspectos* meramente distintos *de uma e mesma coisa* enquanto produtos dos modos de uma e mesma atividade (II, 7s). De um lado, ideias e corpos são modos e, por conseguinte, coisas, pois um atributo produz modos (cf. II, 6 e 11d), e não aspectos. De outro lado, nenhuma coisa é só ideia ou só corpo, mas sim ambos simultaneamente. Na medida em que uma coisa não está preordenada aos momentos ideia e corpo, pode-se de fato falar desses momentos como sendo aspectos de uma coisa.

Uma tal teoria dos aspectos não deixa claro, é verdade, a questão de que uma coisa, com seus aspectos por nós conhecidos do mental e do corpóreo, tem a sua identidade, a qual se mantém através das mudanças concretas da mente e do corpo. Para dar uma resposta a essa questão, Espinosa recorrerá àquela característica de cada coisa que provém da substância divina. É a característica de ser poder, pela qual Deus é uma essência unitária na diferença de seus atributos. Trata-se da determinação que Espinosa atribui a todo ente na última proposição da parte referente à ontologia: ser ativo como poder modificado de Deus (I, 36). Para elucidá-la, é necessária a teoria de uma coisa singular, na terminologia de Espinosa: de um modo finito, teoria que precisa conter mais do que aquilo que pode ser deduzido da doutrina dos atributos. Esta última simplesmente esclarece que, no campo dos modos, há coisas essencialmente diversas e, dessa forma, uma multiplicidade de elementos distintos que talvez possam ser evidenciados como sendo aspectos distintos de uma e mesma coisa. Mas ela não pode tornar compreensível que há, em geral, uma multiplicidade de coisas finitas às quais competem esses aspectos de maneira distinta a cada caso.

Modos infinitos

Agora está claro que modos finitos e, por conseguinte, transitórios não podem ser *imediatamente* deduzidos dos atributos da substância eterna. O que se pode deduzir deles são modos infinitos, que se seguem "imediatamente" dos atributos e que, por isso, como eles, são não só infinitos, como também eternos (I, 21). Um modo infinito imediato (*modus infinitus immediatus*) pode ser entendido como a totalidade daquilo que se segue de um respectivo atributo da substância. Quanto a isso, ele conteria uma relação com partes que deveriam ser então vistas como modos finitos. Só que nenhum passo dedutivo leva dos modos infinitos aos finitos. Em vista destes últimos, cuja facticidade está fora de questão para Espinosa, o modo infinito imediato só se modifica em um outro modo *infinito*, o qual Espinosa, à diferença do primeiro, chama de modo infinito mediato (*mediatus*, I, 22). De acordo com sua infinitude, ele é igualmente eterno e, desse modo, algo que pode ser de fato visto como uma consequência da substância divina. Pode ser entendido como o todo do mundo, que mantém sempre igual a figura através de todas as mudanças internas de suas partes, portanto, dos modos finitos; nessa medida, ele não contém relação alguma a modos finitos na sua *diversidade*. Com tais formas, então, Espinosa conclui a estrutura dos modos infinitos, a qual não admite quaisquer outras modificações nem especificações (I, 23), e, em particular, não admite que modos infinitos se modifiquem em finitos.

A tese dos modos infinitos é apresentada na *Ética* de forma extremamente compacta, não sendo preenchida de mais conteúdo e permacendo, por isso, particularmente obscura. Em uma carta a Schuller (Ep. 64), Espinosa definiu o conteúdo das duas formas do modo infinito. O modo infinito *imediato* é, sob o atributo do pensamento, o intelecto absolutamente infinito (*intellectus absolute infinitus*), do qual participam todas formas do intelecto finito e, com isso, aquilo que é comum a todas ideias. Sob o atributo da extensão, está o par conceptual movimento e repouso (*motus et quies*), do qual participam todos corpos finitos e, com isso, aquilo que é comum a todos corpos. Frente a isso, o modo infinito *mediato* é só um único, que não pode ser especificado quanto ao seu conteúdo apesar da diferença atributiva. Enquanto figura sempre igual de todo o universo (*facies totius universi*), é uma simples estrutura que, em sua formalidade, é a mesma sob todos os atributos. É destituído de todo conteúdo, pois o modo infinito mediato desconsidera todas as modificações internas ao mundo que resultam da constituição material dos modos finitos. Exatamente por isso, a sucessão dos modos infinitos está concluída com a figura que permanece igual em toda modificação. Aquilo que pode ser deduzido da natureza infinita e eterna de Deus consuma-se, ante a variedade do mundo, em uma figura que permanece eternamente igual a si mesma, da qual, sob o aspecto material, não resultam para o mundo quaisquer diferenças internas. Se isso fosse tudo o que a teoria da substância rende com relação ao mundo, de fato ela seria um acosmismo.

Mas isso não é tudo. É preciso ter claro que os modos infinitos têm em essência um significado funcional em vista dos modos finitos. Inicialmente, resulta deles uma consequência negativa importante para os modos finitos. Devido ao fato de modos infinitos não produzirem modos finitos, não há, portanto, uma relação causal entre eles e também não é de um modo infinito que um modo finito tem seu ser, mas tem-no de sua causa, de sorte que o modo finito também não pode ser concebido a partir de um modo infinito. Segue-se daí que um modo finito é, na verdade, parte de uma totalidade, do mundo como um todo, mas ele não tem dessa totalidade a sua determinação essencial. Para o homem, isso significa que, caso queira conceber a si mesmo, ele não precisa conceber-se como uma parte dessas. Mesmo aspirando a uma orientação racional no mundo, orientação que se deve à sua própria racionalidade, o homem fica dispensado de ter que conhecer adequadamente o todo das interconexões do mundo nas quais está inserido. Se o seu ser proviesse do mundo como um todo, além de nunca conceber adequadamente a si mesmo, ele jamais seria algo em si mesmo, sendo, então, antes, tal como o pretendem muitos intérpretes de Espinosa desde Leibniz (carta a Bourget de dezembro de 1714), um modo evanescente face a algo que permanece sempre igual a si mesmo, algo que seria unicamente o verdadeiro. Mas a distinção entre *natura naturans* e *natura naturata* permite entender um modo finito em seu ser a partir de um princípio que não é o mundo como um todo, mas que é a *causa* deste mundo e, junto com isso, a causa de um membro singular nele.

É verdade que Deus, que com base em sua infinitude não produz imediatamente um modo finito, só pode ser a causa deste modo finito *mediado* por outros modos finitos. Por isso, cada modo finito está necessariamente em relação com outros modos finitos, de sorte que o homem, que é um tal modo, não se poderá conceber em seu ser isoladamente de relações intramundanas. Pretender fazê-lo leva, aos olhos de Espinosa, a um malentendido fundamental da subjetividade humana: entender-se "como um Estado no Estado" (III, praef.), isto é, como uma autocracia que não fosse tocada por determinantes externas. Por isso, a nossa orientação racional no mundo, que está situada no chão da finitude, precisa de um conhecimento adequado sobre o contexto do mundo que abarca o ser individual. Para tanto, os modos infinitos exercem, em sua configuração imediata, uma função *positiva* importante, a qual se mostra tanto no plano dos objetos de nosso conhecimento quanto no plano do sujeito cognoscente. Consiste em representar um universal sob o qual estão as singularidades do mundo que se oferecem ao homem e, a partir do mundo, podem ser conhecidas sob o aspecto da universalidade. Por este universal, seguindo-se imediatamente de Deus – ser algo eterno –, Espinosa chama de conhecimento *sub specie aeternitatis* (II, 44c2) aquele conhecimento que se orienta por ele. Esse conhecimento é necessariamente adequado; pois dirige-se a algo que, seguindo-se com necessidade da natureza de Deus, é de fato comum às coisas. Dirige-se às coisas tal como são em si (II, 44d).

Recorrendo aos modos infinitos, Espinosa chega à tese de que a cadeia infinita dos modos finitos que se determinam uns aos outros, totalidade dos quais nosso conhecimento finito jamais poderia conhecer adequadamente, está submetida a uma estrutura comum aos elos desta cadeia, estrutura que pode ser conhecida adequadamente. Assim, no campo da extensão, um corpo não pode ser conhecido adequadamente em sua particularidade, que resulta de sua relação específica com outros corpos, mas pode sê-lo segundo a regularidade do movimento e do repouso, comum a todos os corpos. Como articulação de um modo infinito, isso é uma verdadeira regularidade, que de fato é comum às coisas, pois não se trata de um universal que obtivemos por abstração de experiências e que, formado arbitrariamente por nós, só tenha significado subjetivo. Apoiado no paralelismo dos atributos, Espinosa conclui daí que, aos modos infinitos do mundo corpóreo, correspondem conceitos comuns a todos os homens. Esses conceitos comuns (*notiones communes*) escapam à arbitrariedade de serem formados só subjetivamente e representam algo como um arcabouço categorial de nosso conhecimento. Conceitos desse tipo distinguem-se de meros conceitos universais (*notiones universales*) formados arbitrariamente por nós que, enquanto meros entes de razão (*entia rationis*), carecemos de qualquer dignidade ontológica. Tais conceitos universais são, para Espinosa (que aqui se insere na tradição do nominalismo), não só conceitos de gêneros, tais como homem ou cachorro, mas também conceitos "transcendentais" da tradição, tais como coisa ou algo (cf. II, 40s1).

Para além disso, o campo do pensamento está determinado não só por conceitos comuns que retratam os pontos comuns do mundo corpóreo, mas também por um elemento verdadeiramente comum aos pensamentos que é derivado do atributo "pensamento". Um tal elemento comum é o intelecto infinito, do qual o intelecto humano participa como sua parte (cf. II, 11). A partir deste ser parte, Espinosa não só procura tornar nosso conhecimento inadequado compreensível como um conhecimento meramente parcial e, nisso, confuso (*ibid.*), mas, a partir dele, também torna compreensível nosso conhecimento adequado (II, 43s). Se no conhecer a mente humana finita é parte daquilo que se segue imediatamente da subtância infinita, ela refere-se, pois, por mais limitada que possa ser, às coisas como são em si mesmas e não só como lhe aparecem de acordo com a sua constituição. Isso só é possível se o intelecto infinito pertencer ao mundo dos modos e não convir à substância divina, como Espinosa o salienta em uma carta (Ep. 9). O intelecto infinito é também designado por Espinosa como ideia de Deus (*idea Dei*, II, 4), que se segue imediatamente do atributo divino do pensamento (II, 3). Deus tem como *objeto* essa ideia e, junto com ela, tudo o que se segue dele mesmo; mas Deus não é um sujeito que tem uma ideia. Daí, Espinosa tirou a conclusão de que, enquanto um elemento do mundo produzido, o conhecimento, também em sua forma incondicionada que caracteriza um intelecto infinito, não está em princípio fechado ao intelecto humano enquanto parte deste mundo. A incondicionalidade de um intelecto infinito já é, antes, operativa em todo o nosso conhecimento, assim como todos os corpos já estão determinados por uma regularidade na relação entre movimento e repouso. Sobre essa reflexão, apoia-se a tese de Espinosa de que em Deus – que, ao mesmo tempo que o intelecto infinito, também produz tudo aquilo que é em geral – todas as ideias também são verdadeiras (II, 32d). Então, para uma orientação racional do homem no mundo só resta saber como o homem pode dar-se conta da verdade assim garantida que existe independente de seu conhecimento. É certo que ele só pode dar-se conta dela como intelecto finito. Pois ninguém pode, como Leibniz o dirá mais tarde, pensar com os pensamentos de um outro.

Modos finitos

Para o homem, em sua finitude, existe uma discrepância fundamental entre aquilo que é em si e aquilo que é para ele. Objetivamente, todas as ideias são verdadeiras porque, sob a perspectiva divina, desde sempre concordam com os seus objetos; mas, para os homens, não o são, podendo ser falsas segundo a perspectiva deles (II, 35). Da perspectiva do homem, portanto, o conhecimento verdadeiro torna-se algo que ele precisa primeiro *alcançar*. A investigação das condições sob as quais ele consegue isso está no centro da *Ética*, podendo ser encarada como uma preocupação central dessa obra e não como um problema ilusório. Isso não só pressupõe que modos finitos podem conhecer algo que nem sempre lhes é atribuído, como também dá a entender que eles têm a sua realidade específica nessa forma de mudança que se dá no tempo. Essa realidade vinculada à temporalidade e, por isso, à transitoriedade, na verdade, naturalmente não pode ser deduzida por Espinosa da substância eterna, da qual só se segue algo eterno. Por isso, após a elucidação dos modos infinitos que se seguem da natureza de Deus ele também não infere deles os modos finitos. Ele, antes, interrompe o curso da dedução com uma nova reflexão. Parte do fato de que há coisas particulares (I, 24) e mostra então que dependem de Deus e que por isso são modos, pois, sem Deus, não poderiam ser nem ser concebidos: "as coisas particulares (*res particulares*) nada mais são senão afecções (*affectiones*) dos atributos de Deus, ou modos" (I, 25c).

Às coisas finitas convém não só uma existência real, mas também uma essência (*essentia*, I, 25) que constitui a sua positividade (*quid positivum*, I, 26d). É a operatividade (e, com isso, a atividade de cada coisa) o que constitui, como poder a cada caso finitizado de Deus, a essência de uma coisa singular. Devido ao fato de um poder destarte modificado não se seguir imediatamente da natureza da substância infinita, um modo finito caracterizado por ele – eis a reflexão seguinte de Espinosa – só pode ser um produto da substância pela mediação de um outro modo finito para o qual, por seu turno, vale o mesmo, de sorte que o resultado é uma cadeia interconexa de modos finitos (I, 28). Nessa cadeia, uma coisa finita tem a sua respectiva *determinidade*, que deve ser entendida como o seu ser causado não por Deus, mas por outras coisas finitas. Diversamente dos modos infinitos, causados só por Deus, um modo finito está submetido a uma forma *dupla* de causalidade. Através de outros modos finitos, ele está exposto a eventos externos que atuam causalmente sobre ele, não constituindo isso, no entanto, a sua essência. Para tornar claro esse estado de coisas, que é fundamental para o sistema da *Ética*, Espinosa definiu um modo inicialmente como uma causa que efetua algo, antes de inseri-lo em uma interconexão causal intramundana na qual ele é *efeito* de outros modos. E este ser causa um modo finito o tem não da eficiência de outros modos finitos, mas da causalidade de Deus, como modificação do qual ele é uma essência eterna.

Uma coisa finita ser essencialmente potência (*potentia*) não significa, é claro, que seja potência por si, portanto *causa sui*. A sua potência articula-se em manifestações que, ocorrendo no tempo, não se seguem unicamente dela, mas são concausadas pelas manifestações de outras coisas com as quais uma coisa está em relação. Mas essa causalidade *intramundana* deve ser distinguida da causalidade *imanente*, na qual a substância divina é em seus produtos. Deus é a causa do todo do mundo em suas estruturas eternas (modos infinitos) e a causa dos modos finitos na medida em que lhes compete uma essência. Mas causa dos modos finitos ele é só de maneira a produzir infinitamente muitos modos finitos que, por sua vez, encontram-se em uma relação causal intramundana entre si, relação segundo a qual é unicamente possível descrever a particularidade de um modo singular. Por isso, um modo finito está necessariamente em uma relação com outros modos finitos de cuja operatividade ele mesmo depende. Se, de um lado, no interior dessa relação, uma coisa também não é efetuada por outras coisas em sua essência, mas apenas na sucessão temporal de seus eventos; então, de outro lado, de acordo com o conceito de uma causalidade imanente de Deus, a potência (*potentia*) de uma coisa, que constitui a essência dela, não é uma faculdade que possa ser *separada* das formas de sua efetivação. Assim como Deus só é na realização de sua *potentia*, logo, só em unidade com os seus produtos, assim, também um modo finito só é em suas manifestações, portanto em seus efeitos, isto é, em eventos temporais que não têm sua causa unicamente nele. Nessa medida, ele está determinado por outros modos finitos não por acaso, mas sim necessariamente.

Não obstante, nessa forma de necessidade, não está que um modo seja determinado em seus eventos por causas externas, de tal maneira que ele não pudesse configurar, a partir de si mesmo, os eventos que lhe dizem respeito. A mui citada tese de Espinosa, que expressa um determinismo estrito e que se encontra no final de suas elucidações acerca dos modos finitos, diz que não há nada contingente na natureza das coisas e que tudo está determinado, graças à necessidade da natureza divina, a existir e a operar de certo modo (I, 29). Ela é demonstrada na proposição respectiva sem recorrer à proposição precedente que descreve a causalidade intramundana entre os modos. A tese tem em vista a natureza que compete às coisas singulares, portanto a essência delas, da qual é dito que ela, também em sua respectiva determinidade e, assim, em seus eventos de fato, é determinada pela necessidade de Deus. Não se pode observar como Espinosa poderia afirmar que um determinismo dos eventos temporais se seguiria da necessidade da natureza eterna de Deus, da qual não pode seguir-se nada temporal. Mas, em conformidade com o sistema, ele pode afirmar que, no campo de tais eventos, uma coisa está determinada na medida em que não é capaz de nada contra a *própria natureza* e, nessa medida, contra a forma que lhe é própria, a qual se configura pelas manifestações temporais na interação com outros modos.

Isso não implica que uma coisa seja determinada de fora, de modo que não pudesse, por si mesma, fazer algo em prol da configuração dessa forma. Ao contrário, o essencialismo da coisa singular, defendido com veemência por Espinosa, possibilita a um modo atribuir a si mesmo eventos, apesar de ele estar inserido em uma estrutura abrangente que o determina segundo os eventos que ocorrem na estrutura. Ele pode fazê-lo não por ser uma substância independente dos eventos, mas porque ele, enquanto modo da substância divina, é originariamente ação (*agere*) que produz efeitos. Efeitos seriam consequência da própria natureza unicamente se essa natureza fosse uma ação não limitada por nenhuma paixão. Mas como isso é possível, é algo que não pode ser mostrado no âmbito da ontologia apresentada na primeira parte da *Ética*. Como teoria dos elementos fundamentais da natureza de Deus (substância, atributo, modo), essa ontologia permanece formal, não discutindo formas concretas de exterioridade que limitam a ação do modo homem. A discussão do agir concreto do homem, com base naqueles elementos estruturais fundamentais, e também a apresentação daquilo que o homem é capaz por si mesmo, portanto em virtude de sua própria natureza, começa só na terceira parte com a exposição da ética em sentido mais estrito.

Lá, Espinosa faz a descrição da vida afetiva do homem ser precedida de uma teoria da essência real (*actualis essentia*) de uma coisa singular. Retomando a proposição final da ontologia, determina-a, sob as condições de uma exterioridade que codetermina o agir de uma coisa, como "o empenho (*conatus*) pelo qual toda coisa tende a perseverar em seu ser (*in suo esse*)" (III, 7). Na relação com aquilo que lhe é exterior, toda coisa é, segundo a sua essência, um empenho caracterizado por autorreferência, empenho em que ela procura fazer valer a si mesma, portanto o próprio ser contra algo exterior que a ameaça. Em uma sucessão de proposições, Espinosa demonstra, com referência ao homem, *até que ponto* isso pode ter êxito; mas não lhe parece carente de demosntração *que* uma coisa aspire a isso. É significativo que as elucidações acerca do *conatus* de uma coisa sejam precedidas de duas proposições que se apoiam na evidência daquilo que é patente por si (*per se patet*), a saber, que uma coisa só pode ser destruída por causas externas (III, 4) e que ela não pode ser autodestrutiva com base em características internas opostas (III, 5). Analogamente ao procedimento na ontologia, Espinosa apoia-se aqui em uma suposição que não precisa ser fundamentada, a saber, a da positividade de uma coisa que é algo em si mesma e, *por isso*, procura manter a relação com o próprio ser na relação, que lhe é externa, com outras coisas.

Que essa relação consigo mesma, garantida ontologicamente, está exposta ao perigo de uma destruição vinda de fora, não se segue da substância, da qual só seguem-se coisas que sempre se conservam a si mesmas. Também não se segue do mero fato da limitação de um poder finito, o qual sempre está diante de uma supremacia externa. Segue-se, antes, da relação *específica* em que uma coisa está com outras coisas. Para Espinosa, ela está determinada essencialmente pela perspectiva específica que uma coisa assume a cada caso. Essa perspectiva é o que faz com que uma coisa, em sua percepção, não concorde com aquilo que é objetivamente o caso segundo a ontologia. Espinosa concluiu daí que a possibilidade de uma coisa finita agir a partir da sua própria natureza depende de sua capacidade de modificar de maneira fundamental a sua perspectiva e de chegar a uma *contemplação* modificada das coisas. É por isso que, para Espinosa, toda ação na qual uma coisa se conserva de fato a si mesma, fruindo aí seu ser, está ligada a um modo determinado de *conhecimento*. E, por isso, a segunda parte da *Ética* apresenta sob o título de mente humana (*mens humana*), ainda antes da teoria do *conatus*, o homem e a sua capacidade de conhecer.

TEORIA DO CONHECIMENTO

Mente e corpo

Espinosa inicia a sua teoria do conhecimento não com uma análise do sujeito cognoscente, mas com a ontologia da substância sob o seu atributo de "pensamento" (*cogitatio*), o qual representa um modo pelo qual Deus é produtivo (II, 1). Sob tal atributo, Deus produz ideias (II, 5), ao passo que, sob o outro atributo, o da "extensão" (*extensio*), produz simultaneamente corpos, de sorte que ideias e corpos são correlatos. De acordo com esse pressuposto ontológico, Espinosa concebe a mente humana, que na tradição cartesiana é sujeito de conhecimento, como algo que nada mais *é* senão uma ideia. Sua singularidade e, portanto, sua determinidade concreta (*actuale esse*) consistem em ser a ideia de uma coisa realmente existente (II, 11), a saber, do próprio corpo (II, 13). É o corpo e não outra coisa, pois – a única razão aduzida por Espinosa – os homens percebem facticamente as afecções de seu corpo. É um fato empírico (II, ax. 4) que Espinosa completa, na demonstração da proposição 13, com o fato empírico adicional (II, ax. 5) que os homens não sentem outras coisas senão corpos. É bem verdade que, segundo a ontologia, deve haver coisas constituídas diferentemente que são objeto de ideias; mas elas não são constitutivas para o ser concreto do homem, ser cuja realidade não é descritível pela ontologia, mas apenas por características que resultam da constituição de fato do homem.

Espinosa tira disso duas consequências (II, 13c): 1) que o homem consiste de uma mente e de um corpo e 2) que o corpo humano existe tal como o sentimos. A primeira consequência, concretiza o paralelismo dos atributos nos aspectos do mental e do corpóreo que estão inseparavelmente unidos no homem, uma vez que a mente humana tem a sua realidade apenas como ideia de seu corpo, como a qual o representa. Isso implica que o homem só pode, em geral, conhecer na medida em que tem um corpo, mas não independente dele, portanto – isso contra Descartes – não como pura mente. Não precisamos primeiro nos assegurar em pensamento da existência do corpo, pois ela é o pressuposto do fato de que podemos em geral pensar. O homem não teria realidade como sujeito cognoscente se o seu corpo não existisse ele mesmo realmente como objeto imediato do seu conhecer. Por isso, a mente como ideia de seu corpo também tem de perceber (*percipere*) aquilo que ocorre em seu corpo; pois, por esse perceber, seja ele consciente o quanto for, ela mesma está constituída (II, 12).

A esta ligação da mente humana com o corpo, que resulta do paralelismo atributivo da substância, Espinosa conecta reflexões suplementares que não se seguem unicamente do paralelismo. Ele descreve a dominância de uma esfera sobre a outra a partir da constituição específica da mente humana e do corpo humano e tenta tornar compreensíveis, a partir disso, duas formas diferentes de conhecimento, a inadequada e a adequada.

Inicialmente, Espinosa põe o acento no campo do corpóreo a fim de poder explicar como os sujeitos mentais *distinguem-se* uns dos outros. Explica a sua distinção não a partir da estrutura da ideia, mas a partir da estrutura do corpo. Por haver, de acordo com a correspondência ontológica de mente e corpo, uma ideia de cada corpo, todas as coisas singulares e não apenas os homens são, na expressão de Espinosa, "animadas" (*animatus*, II, 13s). A sua diferença consiste em sê-lo em graus diversos; Espinosa afirma que é a constituição distinta do corpo que faz com que uma mente seja determinada de modo distinto em seu caráter de ser ideia: quão mais complexo um corpo, tanto mais a sua mente consegue perceber. Um corpo organizado de modo internamente diferenciado, que, à diferença de um corpo estruturado de modo simples, está em múltiplas relações com outros corpos cujas impressões recebe, faz com que a mente perceptora, de acordo com essa multiplicidade, também perceba correspondentemente muito. Isso leva à afirmação de que a organização do corpo é o que constitui o ser da mente (*ibid.*).

Por isso, antes da exposição do conhecimento humano, Espinosa insere uma física do corpo na teoria da mente humana (depois de II, 13). Exposta fora do curso dedutivo e amplamente cartesiana, ela desenvolve uma teoria das afecções mecânicas do corpo pela qual é apresentada, com a ajuda de uma série de postulados indemonstráveis, a complexidade do corpo humano: composto de muitos elementos (post. 1), por isso, afetado de múltiplos modos por corpos externos (post. 3) dos quais ele precisa para a própria conservação (post. 4), mas ele mesmo também pode mover corpos externos de modo altamente diverso (post. 6). Dessa complexidade, Espinosa conclui a capacidade da mente humana de perceber muitas coisas (II, 14), também, portanto, a complexidade da mente humana: não é simples a ideia que constitui a mente, mas ela é composta de muitas ideias (II, 15).

Assim, Espinosa torna compreensível, a partir da união da mente com o corpo, o que é a percepção. Só que daí não se pode concluir o *como* da percepção no sentido de ser distinta ou indistinta. É bem verdade que Espinosa afirma que, quanto mais as ações de um corpo dependem só dele (*ab ipso solo*), tanto mais a sua mente também é capaz de dar-se conta distintamente (*distincte*) de algo (II, 13s). Ele mostra, contudo, que a partir da constituição do corpo humano só pode ser tornado compreensível o nosso conhecimento *confuso*, mas não o distinto. Da física do corpo segue-se, portanto, que corpo algum é capaz de fazer com que as ações dependam unicamente dele. Também o corpo humano, submetido como todos os demais corpos às leis do movimento e do repouso, está em relação com muitos outros corpos cujos movimentos o determinam de fora, de sorte que, a despeito de poder integrar em si muita coisa de externo, ele é parte de um todo maior. Dentro desse todo, Espinosa tenta demonstrar a identidade de um corpo singular por uma regra constante de movimento e repouso que constitua a forma do corpo. Do ponto de visa dos corpos parciais, essa forma é internamente fechada, mas para fora ela é aberta a uma ligação com outros corpos com vista à formação de um corpo mais complexo, cuja forma é, por sua vez, igualmente constante diante de modificações internas, por mais que ele se torne cada vez mais complexo devido à ligação com corpos externos até ao ponto de constituir a natureza corpórea como um todo, a qual de fato conserva a sua forma constante como *facies totius universi*, independente do que ocorra internamente em mudanças e em modificações (lemma 7).

Leibniz objetará à física cartesiana (e, assim, também à espinosiana) que corpos não são realmente distinguíveis com base em uma teoria da grandeza do movimento, e dessa forma também não se pode falar de eventos que competem a um corpo singular. Para dar uma teoria consistente da identidade de um corpo, Leibniz também atribuiu aos corpos, através do conceito de uma força (*vis*) que se desdobra, um princípio *espiritual* que os integra internamente (*Discours de métaphysique*, § 18). Espinosa não faz isso, não aproveitando para a sua física o dinamismo ínsito em seu conceito de substância. O atributo da extensão, operativo em cada corpo e determinado como poder, não é um objetivo inscrito nele em direção ao qual ele se desenvolve, nem possui a força de determiná-lo internamente. Esse não é o caso, porque um corpo não pensa e, portanto, o atributo nada é *para ele*. Seguindo Espinosa cegamente, um corpo é, naquilo em que faz, determinado unicamente pela estrutura em que se encontra com outros corpos, de modo a nada poder fazer unicamente a partir de si mesmo. A determinação fundamental do agir (*agere*), a qual emana do atributo, articula-se nele unicamente na forma de um padecer (*pati*), de um ser determinado de fora. Por isso, Espinosa define o corpo não por traços que o caracterizem *internamente*, mas pelo atributo da extensão que ele exprime como modo de determinado modo (II, def. 1).

Mas Espinosa define a ideia correlata ao corpo não pelo atributo do pensamento, embora ela exprima esse atributo de determinado modo, tal como o corpo o seu atributo, define-a a partir da mente como um conceito (*conceptus*) que ela forma porque pensa (II, def. 3), o que expressa, Espinosa o diz explicitamente em uma explicação, uma *atividade* da mente. Nesse sentido, mente e ideia não são idênticos, contrariamente à determinação original de a mente humana nada mais *ser* senão ideia. Assim, a mente humana também não pode ser compreendida só como um complexo de ideias que retrate a complexidade de um corpo. Compreendida assim, ela de fato seria apenas um sujeito passivo. É bem verdade que não padeceria de efeitos provocados pelo corpo, mas estaria determinada por outras ideias que, de acordo com o contexto externo de referência em que está cada corpo, também seriam exteriores à mente, portanto não seriam formadas por ela. Como as coisas não se passam assim, quanto à estrutura, existe uma diferença essencial entre mente e corpo devido à qual, parece, Espinosa estima que ambos os elementos são irredutivelmente distintos. Para Espinosa, o corpo nada mais é senão uma regularidade conforme à lei de movimento e repouso de suas partes. Mas a mente não é só uma disposição regular de ideias análoga à regularidade do corpo, ideias das quais seria composta, como de suas partes, de acordo com uma tal regra. A mente se comporta assim em relação a elas porque pode formá-las; nessa atividade ela não *é* apenas ideia ou complexo de ideias, mas uma instância que *tem* ideias. Sob esse pressuposto, a mente humana não é apenas a representação que imagina corpos, mas um sujeito que *sabe* algo sobre corpos, os quais são, nessa medida, *seus* objetos. A mente os tem *como* algo, e é isso que Espinosa chama de conhecimento (*cognitio*).

Conhecimento inadequado

É bem verdade que o "ter" algo (do latim *habere*) não é terminologicamente unívoco. Assim, Espinosa também explica o fato da sensação de nosso corpo pela formulação de que temos ideias das afecções do corpo (II, 13d), o que simplesmente significa que a mente humana é composta de tais ideias. E, quando Espinosa diz, com a maior naturalidade, no início da seção sobre ontologia de seu *Tratado sobre a emenda do intelecto*, que temos uma ideia verdadeira (TIE 33), ele quer com isso simplesmente dizer que, na medida em que representamos algo, é-nos dada uma ideia que, como produto da causalidade divina, é verdadeira. Entendida assim, uma ideia é, em sua origem, independente de nossa atividade. Exatamente isso é expresso pela determinação da mente humana de simplesmente *ser* uma ideia, determinação com a qual Espinosa abre a sua teoria do conhecimento. Se ele não obstante atribui à mente um formar ideias e inclui tal ato na definição de ideia, então, ele está considerando a ideia sob o aspecto de ela também ser algo *para* a mente humana que pode concebê-la. E só isso deve ser entendido por atividade da mente: não que ela poduza ideias, mas ela concebe ideias que são independentes dela. Por esse conceber ser um ato que parte da mente, nesse ato ela sabe ideias como ideias *suas*, e aí então as "tem" em um sentido rigoroso.

Um tal ter não é uma mera consequência da ontologia. Se a ontologia lança as bases de uma correspondência de saber e ser, não se segue daí que essa correspondência já exista para o homem cognoscente em sua perspectiva própria. Com referência à base ontológica, é o exato oposto que parece ser o caso. Pois, objetivamente, uma ideia singular concorda com o seu objeto na medida em que está inserida em uma rede de infinitamente muitas ideias, à qual corresponde uma rede de infinitamente muitos corpos. Mas se o homem percebe estados de coisas só através das ideias de seu corpo, então ele também percebe essa rede só através de afecções do corpo, as quais ele tem de acordo com a constituição do próprio corpo. Por isso, Espinosa diz que as ideias, das quais a mente humana está composta sob esse pressuposto, simplesmente indicam (*indicare*) como o corpo humano é afetado por corpos externos. Descrevem apenas o estado do próprio corpo, mas não exprimem o que os corpos externos são de fato (II, 16c2).

Assim, é o seu corpo que leva o homem a perceber antropocentricamente e o enreda naqueles preconceitos que Espinosa descreveu, no apêndice da primeira parte da *Ética*, como os obstáculos que impedem o homem de conhecer as coisas a partir de suas verdadeiras causas. Ao conhecimento daquilo que os corpos externos são em si opõe-se a constituição do próprio corpo, a qual se forma acidentalmente conforme as afecções que o corpo de um homem sofre no curso de sua vida.

Espinosa mostra mais de perto que o corpo humano é de tal tipo que não só está exposto a afecções variadas da parte de corpos externos, mas que tais afecções também deixam determinadas marcas nele conforme a frequência com a qual ocorrem. Isso leva a consolidações específicas – das quais Espinosa explica, entre outras coisas, a memória (II, 18s) –, de modo que afecções novas, que indicam um estado de coisas modificado, não estão mais em condições de suplantar imagens já armazenadas com base em afecções vividas com frequência. Se a essa forma de conexão das afecções corpóreas corresponde uma conexão de ideias na mente humana, o homem, então, imagina uma interconexão do mundo corpóreo conforme a contingência do mundo da sua própria vida. A análise espinosiana desse modo do perceber é uma antecipação brilhante de uma teoria das impressões tal como a apresentada mais tarde por David Hume, teoria segundo a qual as impressões alcançam, por associação habitual de coisas que ocorrem com frequência, a aparência de objetividade. "E assim cada um, conforme esteja habituado a juntar e a concatenar as imagens das coisas de um ou de outro modo, de um pensamento passa a um ou a um outro" (II, 18s): ao ver rastros de cavalos na areia, o soldado passará do pensamento do cavalo ao do cavaleiro e, então, ao da guerra; ao passo que o camponês passará do pensamento do cavalo ao do arado e, então, ao do campo cultivado.

Um conhecimento com base nisso é chamado por Espinosa de confuso ou inadequado. Ele ordena-o à *imaginatio* porque contém, através das afecções do corpo, só imagens (*imagines*) das coisas que afetam o corpo, imagens que não reproduzem o que essas coisas são em si (II, 17s). Para Espinosa, as próprias *imagines* são eventos corpóreos, "são formadas no meio do cérebro" (II, 48s) e "são constituídas somente por movimentos corporais que não envolvem minimamente o conceito de pensamento" (II, 49s). Como eventos corporais, elas são distintas de ideias e não fazem parte, assim, da mente humana. Faz parte da mente humana e não do corpo, em contrapartida, a *imaginatio* pela qual ele tem ideias dessas imagens, pois também a *imaginatio* é uma forma de conhecimento na qual o homem percebe algo como algo e tem consciência de objetividade. Espinosa salientará esse ponto em particular quando da exposição de sua função na formação da vida afetiva humana. É bem verdade que Espinosa, ao falar de um conhecimento imaginativo, evita falar de um "ter" ideias, o qual ele reserva a um conhecimento adequado. É só a partir dessa forma de conhecer que ele pode designar o conhecimento imaginativo de conhecimento errôneo. O erro não pode ser atribuído à imaginação como tal (II, 17s), mas é-lhe atribuído só pela reflexão. Esta a reconhece como um conhecimento em perspectiva distorcida que falha em apreender a verdade porque, em seu estoque de ideias, faltam aquelas que reproduzem as coisas tais como são em si.

Em primeiro lugar, o que Espinosa procura salientar em sua descrição do procedimento da *imaginatio* é que suas ideias permanecem dependentes do corpo. As ideias da *imaginatio* concatenam-se numa sucessão que corresponde à sucessão de eventos no corpo humano, de modo que a mente que se apoia nessas ideias é determinada de fora, não sendo nisso diferente do corpo. A atividade da mente restringe-se, então, a adaptar-se de tal modo ao exterior que as impressões vindas de fora sejam filtradas de maneira a não permitir que ela reaja sempre e a cada caso diversamente à multiplicidade das impressões, possibilitando-lhe então uma orientação ordenada no mundo. Nessa suposta auto-organização, contudo, a mente fica dependente de algo externo, pois aquilo que ela faz não se segue dela mesma. Espinosa sublinha com vigor que, quando do conhecimento de corpos, é impossível mudar algo nesse defeito. Pois, se a mente humana conhece o seu corpo exclusivamente pelas ideias das afecções corporais (II, 19), então o conhecimento do corpo humano é inadequado não de vez em quando, mas em princípio (II, 27). Mas então o conhecimento dos corpos externos também o é (II, 25), pois o homem só pode conhecê-los através das afecções do próprio corpo (II, 26).

Mas também com respeito ao autoconhecimento, as coisas não estão melhores. Da mesma forma, ele é necessariamente inadequado sob os pressupostos da representação imaginativa daquilo que é corporal (II, 29). A mente humana pode objetivar não apenas corpos, mas também a si mesma (II, 20) e, nessa medida, ela percebe não só as afecções de seu corpo, mas também as ideias dessas afecções (II, 22). Mas nessa reflexividade, ela fica presa ao seu corpo. Na ideia de uma ideia, a mente objetiva simplesmente aquilo que ocorre nela de acordo com as ocorrências no corpo que ela imagina, de sorte que a ideia que reflete tem o mesmo *status* de indistinção que a ideia que é refletida. O paralelismo de ideia e corpo sob a dominância do corpo é transformado, na reflexão, em um "paralelismo intracognitivo" (M. Gueroult, *Spinoza* vol. 2, p. 67 seg.) no qual o percipiente sabe de suas percepções inadequadas sem alterar, mediante esse saber, alguma coisa na inadequação delas.

Devido ao fato de o homem consistir de mente e corpo e de conhecer só na conjunção de ambos os elementos (as suas ideias são, portanto, necessariamente ideias de seu corpo), o conhecimento inadequado parece ser constitutivo do homem. Com isso, ele parece estar privado da oportunidade de conhecer de um modo que Descartes chamou de claro e distinto porque se deve unicamente ao intelecto. Mais para o fim de suas elucidações acerca do conhecimento inadequado da *imaginatio*, Espinosa diz agora que as ideias das afecções do corpo humano não são claras e distintas "na medida em que se referem unicamente à mente humana" (II, 28), portanto simplesmente a ela em sua respectiva determinidade. Mas com isso Espinosa não quer dizer que a finitude é o que faz o homem conhecer inadequadamente e que o conhecimento adequado consiste em apreender a totalidade das relações nas quais o corpo humano está inserido objetivamente. Pois, assim, nem seria possível ao homem um conhecimento adequado, já que ele, com base em sua finitude, de modo algum pode ter um conhecimento da totalidade que é reservado a um intelecto infinito. Seguindo-se imediatamente da natureza de Deus, esse intelecto infinito conhece de fato a totalidade daquilo que é (II, 3), ao passo que o intelecto humano, que é parte do intelecto infinito (II, 11c), só tem um conhecimento parcial. Mas conhecimento parcial não é, para Espinosa, o mesmo que conhecimento inadequado. Não é ele como tal que faz o homem conhecer inadequadamente, mas sim o fato de que, nele, o homem é determinado de fora, o que na verdade é uma consequência natural da sua finitude, mas não está necessariamente ligado a ela.

Retomando esse ponto, Espinosa conclui a sua exposição da *imaginatio* com a seguinte observação: "digo expressamente que a mente [...] não tem um conhecimento adequado, mas só um confuso [...] todas as vezes em que é determinada externamente, pelo encontro fortuito com as coisas, a contemplar isto ou aquilo, e não todas as vezes em que é determinada internamente, a saber, quando contempla simultaneamente várias coisas, a inteligir as semelhanças, as diferenças e as oposições delas" (II, 29s). Operando expressamente com o par oposto "externamente" e "internamente", Espinosa deixa claro que o homem – a despeito de um contexto de afecções que, determinando-o de fora, leva-o a conhecer distorcidamente – é determinado internamente quando contempla as coisas não na sucessão temporal em que o afetam de acordo com a sua constituição contingente, mas em um "simultaneamente" (*simul*) lógico. Esse modo de contemplação diferente está voltado para algo *comum* às coisas, sendo um traço delas o fato de não serem na parte diferentes daquilo que são no todo (*aeque in parte ac in toto*, II, 38). Conhecer esse elemento comum é coadunável, sem mais, com o conhecimento parcial do homem na medida em que pode ser conhecido já só em uma parte.

Conhecimento adequado

O conhecimento de um tal elemento comum é ordenado por Espinosa à forma de conhecimento da *ratio* (II, 40s2). Esse conhecimento é adequado porque, sob o aspecto do que é comum, conhece as coisas não como se nos apresentam de acordo com a constituição acidental de nosso corpo, mas como são em si mesmas (*ut in se sunt*), ou seja, em seu *status* de serem *necessariamente* (II, 44). Conhece, portanto, as coisas *como* modos e, assim, como coisas que se seguem da natureza de Deus, se não em sua singularidade, pelo menos em uma universalidade verdadeira. Para explicar a *ratio* realçando-a frente à *imaginatio*, Espinosa apoia-se inicialmente em sua ontologia dos modos infinitos, os quais são aquilo que é verdadeiramente comum às coisas. No campo dos corpos, uma forma de regularidade ligada a movimento e repouso é aquilo ao qual todos os corpos estão submetidos (II, 38c). Trata-se de uma estrutura existente do mundo dos corpos que o homem pode conhecer sem precisar primeiro gerá-la por força do seu intelecto. Conforme o paralelismo dos atributos, às regularidades estruturais do mundo dos corpos corresponde, no campo da mente, algo que já está igualmente dado e que não é gerado por nós, a saber, "algumas ideias ou conceitos (*notiones*) comuns a todos os homens" (*ibid*.). São elas que garantem ao homem um conhecimento que, à diferença do conhecimento imaginativo, não fica restrito à esfera privada das afecções subjetivas e das generalidades derivadas delas.

Espinosa não dá uma análise mais detalhada desses conceitos comuns. Quantos são e de que tipo são em particular é o que deveria resultar de uma teoria das regularidades físicas – e Espinosa não estava interessado nela. Para ele, o valor do conhecimento racional não está primariamente em ser uma condição que possibilite a ciência. O conhecimento racional tem, em primeira linha, um significado ético, e esse significado não pode ser tornado compreensível a partir dos conceitos comuns. Na medida em que conceitos universais são dados, eles têm já que estar na base de todo conhecimento, portanto também na do inadequado, assim como a regularidade de movimento e repouso já está na base de todos corpos em suas modificações. Nesse sentido, do simples fato de serem dados não se segue nada acerca do modo como o homem conhece. Aquilo que é comum às coisas precisa ser *conhecido* expressamente a fim de que se possa falar de um conhecimento que seja adequado. Já que, segundo o axioma fundamental de Espinosa, um estado de coisas é conhecido verdadeiramente quando é conhecido a partir de suas causas verdadeiras, o que é comum ao mundo dos corpos só será conhecido quando for conhecido como algo que se segue com necessidade da natureza de Deus. Só se estados de coisas forem conhecidos desse modo é que o homem terá ideias deles de modo que não reproduzam a ordem e o encadeamento das afecções do corpo humano, uma vez que as ideias, como Espinosa o salienta em oposição ao procedimento da imaginação, estão submetidas a uma ordem própria ao intelecto (II, 18s). Então, a diferença entre *imaginatio* e *ratio* não é descritível a partir dos objetos ou das estruturas do ente, mas sim a partir das *operações* a cada vez diferentes de um sujeito cognoscente que se manifesta nessas espécies de conhecimento. O conhecimento racional não é um evento que surja na mente, mas uma operação do intelecto na qual a mente humana deduz ideias de suas causas verdadeiras, com o que simultaneamente as tem como verdadeiras.

Por isso, Espinosa designa adequada aquela ideia que também é verdadeira na perspectiva do homem que sabe qual é a causa da sua verdade. Também a ideia inadequada é verdadeira como ideia (II, 32), mas não precisamente para o homem, e exatamente por isso ela é inadequada. Como expressão daquilo que de fato acontece no mundo dos corpos, ela tem uma positividade que lhe é própria, mas com vistas ao conhecimento, ela tem uma deficiência (*cognitionis privatio*, II, 35). "Diz-se que as mentes, mas não os corpos, erram e se enganam" (II, 35d), pois elas fazem enunciados sobre algo e erram quando as ideias com as quais fazem enunciados sobre as coisas não são por elas referidas às suas causas, das quais poder-se-ia conhecer o que as coisas são verdadeiramente. Já que as causas das ideias não são os corpos representados por elas, as ideias, apesar de representarem corpos, podem ser *contempladas* de outro modo, a saber, não em relação a seus objetos. Precisamente, este é o procedimento do conhecimento racional. Nele, uma ideia, que sempre é ideia de um corpo, é considerada não quanto a *este status*, mas sim unicamente quanto ao que faz com que ela seja uma ideia verdadeira.

E é precisamente isto que entra na definição de Espinosa sobre uma ideia adequada: "uma ideia que, enquanto é considerada em si sem relação com o objeto, tem todas as propriedades ou denominações intrínsecas de uma ideia verdadeira" (II, def. 4). Ela não é caracterizada, pois, pelo traço exterior de uma concordância com o seu objeto. A definição formula o critério que permite examinar uma ideia quanto ao fato de ser verdadeira em nossa perspectiva. Para tanto, a concordância, traço que caracteriza exteriormente uma ideia, não serve porque, para poder examiná-la, já deveria ser pressuposto um saber do objeto em virtude do qual pudéssemos julgar se uma ideia está de acordo com o seu objeto ou não. O critério de verdade tem de ser, portanto, imanente à ideia, e estar fundado em um saber no qual o homem apreende a verdade sem precisar ainda verificá-la expressamente em um objeto distinto da ideia.

Disso, Espinosa tira uma consequência que dá a impressão de ser bastante estranha: para se saber da concordância da ideia com o seu objeto, o homem não precisa mais do que ter de fato uma ideia que já está de acordo com o seu objeto (II, 43s). Esse ter não é a imediatidade de uma intuição, mas o dar-se conta de uma ideia com base em sua dedução em um ato exercido pela própria mente. Exatamente por isso, ter uma ideia inclui a *certeza* dela, pois o homem só tem uma ideia, em sentido mais rigoroso, quando a deduziu de sua causa verdadeira, a substância divina sob o atributo do pensamento. Isso permite a Espinosa dizer que a certeza subjetiva de uma ideia inclui, ao mesmo tempo, a certeza do estado de coisas do qual ela é a ideia.

Simultaneamente, conceber uma ideia é mais do que conceber aquilo que está ínsito nela como ideia, a saber, estar de acordo com o seu objeto. Esse conceber contém um critério que permite ao homem distinguir uma ideia verdadeira de uma ideia falsa. Espinosa colocou isso na fórmula de que a verdade é critério de si mesma e do falso (*norma sui et falsi, ibid.*). Quando o homem sabe uma ideia que é verdadeira graças ao seu *status* ontológico, então, nesse saber, ele sabe ao mesmo tempo em que consiste a falsidade das ideias. É falsa aquela ideia que o homem não formou, mas que aceitou como elo de uma cadeia de eventos, a qual surge na mente segundo uma sequência de eventos corporais sobre os quais a mente não tem poder algum. A consciência da verdade e da falsidade apoia-se, portanto, não sobre a concordância de uma ideia com o seu objeto, mas sobre o saber acerca do que é uma ideia – e o homem só atinge tal saber formando ideias. Aquele que forma ideias deduzindo-as de suas causas verdadeiras sabe, então, ao mesmo tempo, a diferença entre ideia e corpo, a saber, que à diferença de um processo corporal uma ideia não é "algo de mudo como uma pintura em um quadro" (*ibid.*). Ele sabe que, enquanto modo do atributo do pensamento (*modus cogitationis*), ela é, ao mesmo tempo, uma forma do pensar (*modus cogitandi*) e um inteligir real (*ipsum intelligere*) exercido pela própria mente.

Daí, Espinosa obtém uma conclusão significativa para a ética: na perspectiva da mente, a ideia verdadeira tem, sobre a ideia falsa, uma vantagem que está nela mesma e que não se funda apenas na sua relação externa com um objeto. Ela contém um quê a mais de realidade (*ibid.*) porque exprime de outro modo a substância divina, a saber, exprime-a na forma de uma atividade que, ao formar ideias, parte da própria mente humana, que é ideia. Diversamente do corpo, que exprime a substância só na perspectiva de um intelecto que lhe é exterior, a mente pode exprimi-la na sua própria perspectiva. O homem também pode compreender-se a si mesmo a partir daquilo que desde sempre já o determina, levando uma vida comprometida com o seu *próprio* saber. Por isso, Espinosa põe em relevo um ponto de vista antropológico vinculado ao conhecimento: aquele que conhece adequadamente, e que tem então ideias verdadeiras, tem, face àquele que conhece inadequadamente e que tem, por isso, ideias falsas, uma vantagem não como cognoscente, mas como ser humano (*ibid.*).

A perspectiva ética é aquilo que leva Espinosa a considerar o homem, que consiste em igual medida de mente e corpo, sob o aspecto da mente. A perspetiva ética é também o que torna necessário pôr as formas de conhecimento mencionadas em uma *relação* recíproca, pois chegar a gozar da vantagem mencionada pressupõe que o homem consiga de fato fazer valer o conhecimento adequado, que lhe é possível, contra o conheccimento inadequado, que o determina também e inicialmente.

Conhecimento racional e intuitivo

Não é a segunda parte da *Ética*, dedicada à teoria do conhecimento, que mostra como isso é possível. Ela restringe-se a propor uma simples *tipologia* das espécies de conhecimento. São três: a *imaginatio*, que é inadequada, e a *ratio* e a *scientia intuitiva*, que são adequadas (resumidamente em II, 40s2). Com base na ontologia, essas formas são desenvolvidas levando em consideração traços específicos do homem, dentre os quais o mais importante é o da constituição específica do corpo humano, à qual o homem está ligado e sem a qual ele de modo algum conhece. A partir dela, Espinosa explica a forma de conhecimento da *imaginatio* e mostra que o homem também se deixa guiar por ela na condução da sua vida. Mas, a partir da constituição do corpo, não é possível explicar o conhecimento adequado. Por isso, Espinosa mostra apenas que é *possível* ao homem conhecer desse modo e que essa possibilidade é compatível com o fato de a mente estar em relação com o corpo. Mas ele não expõe as condições que precisam estar satisfeitas para que o homem se deixe de fato guiar por essa forma de conhecimento na condução da sua vida.

Ao apresentar uma tipologia das espécies de conhecimento, Espinosa pode desconsiderar a relação entre essas espécies porque elas são de estrutura diversa, uma forma não tendo que ser explicada a partir de outra. Mas a simples tipologia tem de ser abandonada no momento em que se trata de mostrar que a forma de conhecimento adequado, demonstrada como sendo meramente possível, tem uma força determinante para o homem e tem, portanto, um significado para a vida que ele deve viver. A primeira determinação da mente humana com a qual começa a teoria do conhecimento é, contudo, a de ser uma coisa *singular* realmente existente (II, 11), portanto uma mente *individual*. A teoria do corpo, que torna compreensível o conhecimento inadequado, levou em conta, sob todos os aspectos, a individualidade do homem cognoscente; mas o conhecimento adequado também precisa levá-la em conta precisamente sob o aspecto ético. Espinosa pretende preencher esse requisito dividindo o conhecimento adequado em duas formas distintas.

Devido ao fato de o homem cognoscente ser um indivíduo, a *ratio*, que está ordenada ao universal, tem uma fraqueza inconfundível se considerada sob o aspecto da medida em que pode motivar o homem à ação. Pois "o que é comum a todas as coisas [...] e é igualmente na parte e no todo, não constitui a essência de nenhuma coisa singular" (II, 37). Como o homem poderia compreender-se, em sua existência concreta, a partir dela, se então ele não pudesse ao mesmo tempo compreender adequadamente *a si mesmo*? Mas ele não o pode se ele se conceber a partir dos modos infinitos que são objeto da *ratio*, pois eles não são, esta é uma tese central da ontologia, a sua causa e todo inteligir é um inteligir a partir de causas. O conhecimento racional tem o seu significado eminente no fato de proporcionar ao homem uma distância diante da imediatidade de ser tomado pelas afecções do corpo e de fazê-lo experimentar o poder do conhecimento quando ele conhece estruturas universais. Mas não é possível ver como o homem deveria deixar-se guiar pelo conhecimento racional se este último não lhe dissesse respeito em sua própria finitude. Seria plausível se esse conhecimento lhe tornasse claro que ele não é nada em si mesmo, mas apenas uma parte não autônoma do todo cósmico, que, como modo infinito eterno, permace constantemente igual a si mesmo independente do que possa vir a ocorrer em um modo finito. Mas isto não teria nada a ver com Espinosa, que deixa bastante claro que aos modos finitos compete um ser próprio e que para eles em sua determinação essencial, em seu *conatus*, está em jogo o seu próprio ser.

Espinosa vê que o universal, como objeto da *ratio*, teria de ser concretizado com vistas ao homem caso deva ter um significado para ele. Ele também afirma que haveria aqui uma gradação que poderia ser adequadamente conhecida na medida em que seria possível deduzir, das ideias adequadas do que é comum a todas as coisas, ideias adequadas do que é comum só a *algumas* coisas (II, 40). Espinosa afirmou uma tal especificação com relação ao corpo humano, o qual concorda com "alguns" corpos externos, os quais o afetam "habitualmente", não só no que diz respeito a algo comum (*commune*), mas também no que diz respeito a algo comum *e próprio* (*commune et proprium*, II, 39). Segundo Espinosa, o procedimento do conhecimento científico consiste, geralmente, em um tal progredir de cima para baixo. Ele o declarou expressamente ao explicar o procedimento metódico da interpretação da Bíblia: "investigando as coisas naturais, procuramos investigar, antes de tudo, as coisas maximamente universais e comuns a toda a natureza, a saber, movimento e repouso e as suas leis e regras, que a natureza sempre observa e pelas quais age continuamente, e delas procedemos gradativamente a outras menos universais" (TTP, VII). Mas é difícil de ver como se pode, a partir da universalidade suprema de um modo infinito, inferir elementos próprios e comuns a uma universalidade específica sem recorrer a elementos empíricos e, por conseguinte, a fatos de experiência que, ao contrário dos modos infinitos, não podem ser deduzidos da natureza da substância divina. Mas acerca de dados empíricos não é possível estar suficientemente seguro sobre até que ponto *de fato* competem a um campo delimitado de coisas. Para Espinosa, contudo, essa factualidade é o pressuposto para que possam ser conhecidos adequadamente sem estarem expostos à suspeita de serem atribuídos às coisas simplesmente por nós, com base em experiências feitas com frequência. Nessa universalidade, eles seriam meras *notiones unversales* que, sem dignidade ontológica, não teriam significado algum para o conhecimento adequado (cf. II, 40s).

A tentativa de Espinosa de ligar à *ratio* uma progressão do maximamente universal a particularizações específicas, conforme o caso, tem por alvo o ponto de vista correto de que o homem, no cumprimento da sua vida, só se deixará guiar pelo conhecimento adequado quando com ele conhece algo lhe diz respeito em sua existência concreta. Mas a *ratio* continua sendo presa da debilidade geral de que através de seu objeto – o universal, entenda--se-o como se quiser – ela não consegue inteligir algo singular, não podendo por isso determinar suficientemente o homem em seu agir. Essa debilidade é compensada, segundo Espinosa, pela outra forma de conhecimento adequado, que ele chama de *scientia intuitiva*. Sua característica é a de conhecer adequadamente coisas singulares *em sua essência* (II, 40s2). Tal como Espinosa já o fizera em seu *Tratado sobre a emenda do intelecto* (TIE 24), ele esclarece a diferença entre ambas essas espécies de conhecimento recorrendo a um exemplo simples de cálculo, qual seja, como encontrar o número proporcional a certos números dados. Conhecendo Euclides, o cientista encontra-o a partir da propriedade comum aos números proporcionais, mas ele falha quanto à proporcionalidade dos números *dados*, a qual, na medida em que se trata de números muito simples, vemos intuitivamente (*uno intuitu videmus*, II, 40s2) e portanto apreendemos de outro modo. Esse exemplo é pouco apropriado para evidenciar a estrutura do conhecimento intuitivo em seu significado prático para a vida humana, pois a orientação humana no mundo é um assunto complexo que nada tem a ver com a simplicidade de certos números dados. Além disso, o exemplo poderia sugerir o conhecimento intuitivo como sendo uma visão imediata que não esteja mais comprometida com a racionalidade de se inteligir uma coisa a partir de sua causa.

Só na quinta parte da *Ética*, Espinosa discute mais de perto essa forma de conhecimento. Na segunda parte, ela é simplesmente mencionada como uma outra forma, que se distingue da *ratio* por ter um objeto diverso. Ela não tem como objeto os modos infinitos e, portanto, um universal, mas sim Deus (II, 47), que não é um universal e que, diferentemente dos modos infinitos, é em igual medida, no todo e na parte, a saber, como a sua causa. Com isso, o conhecimento intuitivo abre a possibilidade de um autoconhecimento da mente humana que não se apoia em algo exterior à mente e que, por isso, poderia ser, como conhecimento, uma força que motivasse o homem. Nessa segunda parte, Espinosa explica para além disso – e tal ponto não deveria ser omitido – que essa espécie de conhecimento é possível ao homem que existe concretamente na temporalidade e que, como ideia de um corpo realmente existente, está, por isso, exposto ao conhecimento inadequado. Para tanto, Espinosa apoia-se no fato de que toda ideia de um corpo realmente existente comporta em si a essência infinita e eterna de Deus como a sua causa (II, 45), e comporta também, como Espinosa diz explicitamente, a ideia inadequada (II, 47d). Com isso, Espinosa quer salientar que o homem pode, com base em seu equipamento natural, em princípio conhecer Deus, mas, para tanto, ele não precisaria ser dotado da exclusividade de uma faculdade mística. Por estar presente em toda ideia seja qual for, a essência de Deus, assim conclui Espinosa, também é conhecida (*notus*) de todos, claro que não ao modo de que todos *saibam* dela, isto é, a conheçam intuitivamente (II, 47s). Que ao final de suas elucidações sobre a teoria do conhecimento Espinosa tire uma conclusão dessas não é surpreendente, pois toda a ontologia da causalidade imanente de Deus desemboca em garantir ao homem que a essência de Deus lhe seja conhecida.

O único problema que ainda resta é saber como o homem pode fazer com que esse ser de Deus nas coisas se torne algo que também seja *para ele*. Por isso, é preciso não apenas descrever o que a *imaginatio* é, como também mostrar de que modo e em que extensão ela determina a vida humana em sua realização. Somente com base nisso, e não contra isso, pode-se mostrar até que ponto o conhecimento intuitivo tem uma força capaz de determinar a vida humana. Para além da tipologia até agora dada das formas de conhecimento, é preciso pô-las umas com as outras em uma relação cuja base tem de ser o homem em suas formas de atuação, pois só assim pode-se depreender o significado prático do conhecimentoi humano. Ficará, então, patente que a *ratio* adquire uma função incontornável para a transformação do conhecimento inadequado que determina o homem, preparando o terreno para a *scientia intuitiva* com meios que não se fundam já nessa forma de conhecimento.

O contexto no qual é introduzido o conhecimento intuitivo deixa claro que ele é uma forma de conhecimento do homem finito, diante da substância divina em uma diferença insuperável sem conseguir superar a própria finitude na forma de uma união com Deus. Se essa espécie de conhecimento está vinculada à natureza do homem, é preciso mostrar que é compatível com ela. De acordo com a finitude do homem, a sua natureza ou – como Espinosa o diz, usando uma terminologia escolástica – a sua essência é um agir (*agere*) inserido em uma circunstância bastante vasta na qual o homem procura conservar-se a si mesmo face a coisas externas. Ela é um empenho (*conatus*) *contra* coisas externas que, precisamente por isso, permanece tomado pelo que é exterior, de sorte que a ação humana necessariamente assume formas de padecimento (*pati*) que marcam a vida do homem. A vida que ele leva é – Espinosa tira daí esta conclusão – de modo inteiramente essencial, determinada por afetos, que têm seu lugar lá onde a *imaginatio* tem seu domínio: no campo do ser externamente determinado por afecções corporais. É preciso, portanto, elucidar inicialmente a vida *afetiva* do homem para deixar claro que força se pode atribuir ao conhecimento adequado não só na forma da *ratio*, mas também na da *scientia intuitiva*.

DOUTRINA DOS AFETOS

Conatus perseverandi

Espinosa investiga os afetos mediante uma elucidação de sua natureza e de sua origem (III: *De origine et natura affectuum*). Seguindo o mesmo método empregado na exposição da estrutura de Deus e da mente humana, ele considera os afetos como eventos naturais que têm causas determinadas a partir das quais podemos conhecer a sua natureza (III, praef.). Ao contrário de teorias que tomam os afetos como vícios da natureza humana a serem evitados (TP I, 1), ele entende os afetos como *propriedades* desta natureza que devem ser conhecidas (TP I, 4), segundo um método orientado pela matemática, "como se a questão fosse sobre linhas, planos ou corpos" (III, praef.). Essa forma de elucidação tem, ao mesmo tempo, a meta de desenvolver uma teoria do poder da mente sobre os afetos (*mentis in eosdem potentia*, ibid.) que seja compatível com a natureza humana. Essa teoria deve proteger-nos da imagem ilusória que nos pinta os homens como gostaríamos que fossem, e não como são. Em particular, é ilusório atribuir ao homem um poder absoluto sobre os seus afetos, pois isso não leva em conta o *status* que em princípio é o do homem, a saber, o de que é um modo e, consequentemente, parte da natureza e, como tal, está sempre exposto a causas externas que o fazem sofrer (cf. IV, 2 e 4).

Que o homem necessariamente sofre não quer dizer, é claro, que ele seja essencialmente um ente passivo; ao contrário, um dos resultados da ontologia é que ele é um ente ativo. Por isso, esse ponto de vista é incluído, mediante o conceito de causa, na definição do padecer (*pati*, III, def. 2), mesmo que apenas como uma causa parcial (*causa partialis*) em consequência da qual os eventos que dizem respeito ao homem não se seguem unicamente dele. O ponto da teoria espinosiana dos afetos é fazer com que o padecimento, que tem seu precipitado em afetos, seja compreendido a partir de uma ação que se torna necessariamente um padecimento, pois como ação de um modo finito ela está exposta a eventos externos pelos quais esse modo fica limitado em seu empenho de autoconservação. Afetos têm sua origem em uma ação que, com respeito a algo externo, se torna um esforço (*conatus*) contra algo. Sendo limitações de uma ação, tratam-se de eventos pelos quais o homem é atingido em sua *atividade* e ele, por isso, não aceita simplesmente, mas procura moldá-los de tal modo que sua atividade prevaleça sobre eles. Mas também nisso a ação tem a forma de um esforço que está submetido e continua submetido a afetos.

A teoria do *conatus*, que antecede a doutrina dos afetos, torna claro não só em que os afetos têm sua origem, mas também o quão vital é a importância que lhes cabe para a orientação do homem no mundo. Pois o *conatus* é entendido por Espinosa como a determinação *elementar* de cada coisa finita: ele é aquilo que constitui a essência de uma coisa finita em sua realidade concreta (*actualis essentia*, III, 7). Essa determinação é a seguinte: "cada coisa, enquanto é em si, empenha-se em perseverar em seu ser" (III, 6). Isso significa que cada coisa, enquanto modo da substância, é em si mesma (*in se est*) algo que pode ser descrito como a sua própria potência (*potentia*). As manifestações dessa potência são, como afirmações dela, um empenho (*conatus*) dessa coisa em procurar manter o próprio ser (*in suo esse*), isto é, a própria potência, contra algo externo. Nesse sentido, a potência de uma coisa singular assume *necessariamente* a forma de um empenho que constitui, precisamente por isso, a essência de tal coisa.

Aquilo ao qual uma coisa aspira em seu empenho por autoconservação é, por conseguinte, a própria potência, a qual, no entanto, articula-se só *no* empenho e não representa algo por si mesmo independente desse empenho. Uma potência que só consiste em suas manifestações e, portanto, só no contexto com as manifestações de outros modos, não é, consequentemente, de consistência firme. Assim, a autoconservação é tendencialmente autocrescimento, e o que cabe conservar não é algo diverso do *conatus*, mas a atividade que se mostra nele. Devido ao fato de o autodesdobramento dessa atividade estar ameaçado por algo externo, resulta que, do simples fato do empenho, não se pode concluir nada com respeito ao seu êxito. O empenho de um indivíduo, atento ao autocrescimento, é antes compatível tanto com um aumento quanto com uma diminuição do poder da própria ação e, consequentemente, também com uma extensão diversa de ação e de padecimento. A extensão em que um indivíduo consegue aumentar o seu próprio poder fica vinculada a como o indivíduo pode *de fato* impor-se em cada caso contra o que é externo. O grau do ser em si (*quantum in se est*), pelo qual o empenho é determinado em sua extensão é, por isso, idêntico ao que uma coisa pode de fato (*quantum potest*, III, 6d).

Se uma coisa tem o seu ser somente nas suas manifestações fácticas, não possui, então, uma faculdade que preceda essas manifestações. Espinosa conclui disso que as ações de um sujeito são determinadas por sua natureza, contra a qual o sujeito nada pode – e, aí, mostra-se em medida excelente ser uma modificação da natureza divina que ela exprime nela mesma. Assim como Deus só é em suas ações e não possui uma natureza diversa delas, assim também um modo só é em suas ações, não sendo ainda algo por si independente delas. A diferença, é claro, é que a natureza do modo não é *causa sui*, de sorte que um modo finito não é pura ação, mas sim uma ação sempre quebrada por traços de padecimento. Se, destarte, o padecimento é vinculado à natureza de um sujeito como uma forma na qual o sujeito se articula em sua ação, ele furta-se, então, a toda valoração. Como articulação do *conatus*, ele é expressão da positividade de cada coisa que, em todo agir, procura reforçar essa positividade, a saber, "ser, agir e viver, isto é, existir em ato" (IV, 21), seja qual for a forma em que consiga – ou fracasse – em fazê-lo. Naquilo que faz, cada coisa está justificada por tal fazer, também quando não realiza aquilo ao qual visa: superar tendencialmente o padecimento como inibição da própria atividade.

Certamente, Espinosa não descreve apenas essa facticidade em sua doutrina dos afetos. Ele procura também indicar as condições sob as quais o homem pode conferir uma força real àquela tendência para incrementar o poder da sua ação. Para Espinosa, esses dois pontos de vista se completam. O poder para dominar os afetos deve ser obtido ao mesmo tempo em que se investiga a origem dos afetos, investigação esta que é puramente descritiva. Isso implica duas coisas: por um lado, uma teoria do domínio dos afetos não pode ser desenvolvida contra os afetos, mas tem de mostrar em que medida o homem pode evidenciar-se ativo *neles*; por outro lado, aquele que melhor descreve – o teórico que sabe, portanto – também é o que melhor pode lidar com os afetos. Espinosa associou a isso uma crítica a pelo menos três posições que, para dominar os afetos, se apoiam em elementos que, aos olhos de Espinosa, não têm realidade. São elas a liberdade da vontade, a teleologia e a normatividade. As três são errôneas por desconhecerem a estrutura do *conatus* humano.

A teoria da liberdade da vontade supõe uma *vontade* que precede as suas manifestações e que, como uma faculdade, decide-se expressamente por elas. A teoria da *teleologia* supõe uma finalidade que é diversa das manifestações da ação e que dá uma direção à ação. A teoria da *normatividade* supõe um dever ser que tem uma força capaz de determinar a ação e, para tanto, apela, contrariamente à natureza do sujeito, a algo que o sujeito não é em sua facticidade, pondo-o, contudo, em relação com esse algo, pondo, por exemplo, o homem singular em relação com uma ideia de homem que contivesse aquilo que o indivíduo deveria ser e, portanto, também aquilo que ele deveria fazer. Se a liberdade da vontade e a teleologia são, para Espinosa, suposições excluídas pela concepção de Deus, nessa medida, apresentando-se como não mais que ficções com respeito ao homem, o normativismo de um universal do gênero fracassa diante de uma concepção que Espinosa compartilha com a tradição do nominalismo. Segundo essa concepção, no campo do finito, só é real o singular, cujo *conatus*, enquanto expressão de realidade, não é, por isso, determinável por um universal que é simplesmente formado por nós.

Todas as três posições criticadas formulam, contudo, algo ao qual uma ética da vida exitosa parece precisar recorrer segundo a coisa que também

Espinosa tem em mente. Pois, se em seu empenho, uma coisa está referida a si mesma (*in suo esse*), é então mister distinguir entre o que a coisa é em si e as suas manifestações. E se uma coisa aspira a uma autoconservção que ainda não é realizada pelo fato de empenhar-se para tanto, então o empenho tem manifestamente uma finalidade que deve ser distinguida do ato de empenhar-se. E se o empenho por autoconservação de um indivíduo é posto em perigo pelas manifestações de outros indivíduos, é notório que então tudo dependerá de se encontrar algo que é comum aos indivíduos em concorrência e que represente um universal tal que seja vantajoso para a autoconservação orientar-se por ele.

Dedução dos afetos

De fato, todas as três posições desempenham um papel na teoria espinosiana de domínio dos afetos, à qual ele dá, logo após, sua dedução. Os afetos seguem-se do princípio dessa dedução, a saber, do *conatus* em uma *forma específica* que ele assume no homem. Característica deles é que o homem não só acompanha com a consciência o *conatus* que se realiza, mas também o forma por ela. Se esse estado de coisas é constitutivo para o *conatus* humano, dessa formação, então, também deve depender a sua realização *exitosa*. Nesse contexto, tornam-se significativos aqueles três pontos de vista, os quais recorrem a algo que é transcendente ao *conatus* que se realiza.

A primeira coisa que Espinosa mostra é que a consciência é operativa no surgimento dos afetos. É bem verdade que ele introduz o *conatus* como uma determinação universal que também vale para corpos, cada um dos quais empenhando-se por conservar-se. Mas Espinosa não deduz os afetos humanos do empenho dos corpos, mas sim do da mente, com a qual ele abre a sua teoria dos afetos: "*Mens* [...] *conatur*" (III, 9). A mente busca aumentar a potência de seu pensar (*potentia cogitandi*), aspirando portanto àquilo que contribua para isso. De acordo com a sua determinação originária de meramente imaginar estados de coisas, ela o fará de um modo tal a se empenhar em meramente *imaginar* (*imaginari*, III, 12) aquilo que contribui para um tal aumento. É desse empenho, desse *conatus imaginandi* e da forma a ele ligada, de um ser afetado subjetivamente, que Espinosa deduz a estrutura dos afetos que determinam o homem.

Do *conatus* acompanhado de consciência, Espinosa obtém três afetos cardinais: *desejo* (*cupiditas*), *alegria* (*laetitia*) e *tristeza* (*tristitia*). Desejo é por ele definido como o empenho do homem do qual este é consciente no instante em que é determinado por uma afecção exterior respectiva (III, aff. def. 1). É a expressão elementar do padecimento humano, articulando-se em um empenho que faz o homem seguir aquilo ao qual o seu estado respectivo o força. No *Tratado político*, Espinosa, diferenciando o desejo da razão, chama-o de "cego" (TP II, 5 entre outros). Como afirmação do empenho em sua facticidade, o desejo faz com que aquele que deseja julgue como bom só aquilo que ele de fato deseja, e precisamente só *porque* o deseja (III, 9s). Imediatamente ligados ao desejo há dois outros afetos fundamentais, a saber, os da alegria e os da tristeza. Se o homem – assim Espinosa explica tal interconexão – atinge no desejo uma expansão de seu empenho e, com isso, um estado de maior poder, então ele tem a experiência de transitar a um mais poder, o que o transporta a um afeto de alegria; ao passo que no caso de uma diminuição que restrinja o seu poder, ele liga ao desejo o afeto da tristeza. Como expressão emocional de uma "transição" (*transitio*) de um estado a um outro que é experimentada como um processo real (*actus transeundi*, III, aff. def. 2 e 3), a alegria e a tristeza são os afetos elementares nos quais o homem experimenta a exercício de seu *conatus*, o qual está constantemente submetido a mudanças.

No passo seguinte, Espinosa mostra que a essa experiência emocional está ligado um modo particular do empenho humano, a saber, que o homem visa, através de mudanças fácticas de seu estado, a atingir expressamente o afeto da alegria e a evitar expressamente o da tristeza. Isso ocorre através do aspirar a ou do evitar objetos que o homem encara, isto é, *imagina* como causas do aumento ou da diminuição do poder de sua própria atuação. À consciência de objetos como causas imaginadas da situação em que ele se encontra estão ligados os afetos do *amor* e do *ódio*, conforme o homem considere aqueles objetos como causa de alegria ou de triateza (III, 13s). Segue-se daí não só que o homem experimenta emocionalmente as mudanças de seu estado, mas que também o seu aspirar a mudanças de seu estado ou o seu evitá-las está investido de afeto. Nessa medida, os afetos do amor e do ódio, que acompanham inseparavelmente os de alegria e de tristeza, também podem ser considerados afetos elementares passíveis de ser deduzidos imediatamente dos afetos cardinais através da representação de uma causa externa. Os seis afetos originários de Descartes (*Les passions de l'âme*, segunda parte), desconsiderando-se aqui a admiração, que nem é um afeto para Espinosa, são aqui enquadrados em uma estrutura na qual, para além da enumeração (*dénombrement*, art. 52) de Descartes, estão interligados por sua dedução genética a partir do *conatus* da mente humana.

Da estrutura desses afetos de base, Espinosa deduz uma grande quantidade de outros afetos, a qual resulta de uma ligação entre os afetos fundamentais e que se estende, através de uma ligação entre afetos deduzidos dessa maneira, a um campo alargado de outros afetos. Seu princípio fundamental é a conversão de alegria em tristeza e, respectivamente, de amor em ódio, conversão que é a consequência imediata de um empenho que se articula como *conatus imaginandi*. Guiado pela imaginação, o homem aspira àquilo do qual simplesmente *acha* que possa servir para a sua autoconservação. Amará, então, coisas que lhe trazem alegria porque aumentam momentaneamente o seu poder de atuação, e as odiará quando, mais tarde e sob outras condições, não mais o fizerem. Guiado pela mera imaginação de interconexões que lhe trazem alegria e que afastam dele a tristeza, é seduzido a considerar como causa da situação em que se encontra simplesmente as coisas que se lhe oferecem. Na perspectiva daquele que tem tal opinião, portanto, "uma coisa qualquer pode ser, por acidente, causa de alegria, de tristeza ou de desejo" (III, 15), segundo o entendimento subjetivo que formou de si a cada caso na imaginação: "só devido ao fato de termos considerado alguma coisa com afeto de alegria ou de tristeza do qual a coisa não é a causa eficiente, podemos amá-la ou ter ódio dela" (III, 15c). Aspirando a algo que é só objeto de opinião, o homem tem a tendência de visar a uma alegria que sinalize a promoção de seu próprio ser, estando exposto ao perigo constante de uma conversão da alegria em tristeza e, correspondentemente, de amor em ódio. Isso leva à instabilidade da vida afetiva, a uma "flutuação da alma" (*fluctuatio animi*, III, 17s), da qual Espinosa mostra que, no terreno intersubjetivo, ela tem continuidade no vasto campo dos conflitos entre os homens.

Sobre a estreita conexão entre empenho e opinião, Espinosa deixa claro que o homem não corre perigo por parte de coisas físicas que o ameacem com a sua natureza inóspita, mas sim por parte de sujeitos que imaginam e que, portanto, são presas de opiniões, ou seja, por parte de outros homens. A concorrência entre eles desemboca, segundo Espinosa, na desolação de uma constante oposição. Ante um empenho humano investido de imaginação – e, por isso mesmo, divergente – essa oposição parece inevitável. Espinosa abre o campo da afetividade intersubjetiva com o conceito da semelhança com a qual nos aparecem os outros homens (III, 27). Isso conduz a uma imitação dos afetos na qual o desejo assume a forma da *emulação* (*aemulatio*, III, 27s). Esse afeto faz da imitação – que, como tal, contém um elemento formador de comunidade – uma *ambição* (*ambitio*, III, 29s) que põe a dedicação benevolente aos outros (*humanitas*) a serviço dos próprios interesses e a deforma no sentido de levar os indivíduos a quererem que os outros vivam como eles mesmos vivem. Isso conduz, por fim, a um ódio recíproco, que ainda é intensificado pelo fato de os indivíduos acharem que podem ocasionar o enaltecimento próprio através da opressão aos outros. Ao estimarem (*aestimatio*) a si mesmos, aquilo que os indivíduos querem vive do desprezo (*despectus*) pelos outros (III, 26s). Isso é, em medida eminente, a consequência de um *conatus imaginandi* em que os objetos com os quais o homem lida não são por ele conhecidos quanto àquilo que são em realidade. O soberbo que trata os outros com desdém, diz Espinosa, é uma espécie de louco que sonha de olhos abertos, pois ele está convencido de que também pode realizar tudo aquilo ao qual o leva a simples imaginação (*ibid.*) Em verdade, a *imaginatio* é uma diminuição da *potentia agendi*, fazendo com que o homem não realize o que deseja. Claramente o desejo ainda é sempre expressão de uma ação que se articula como *conatus*, em uma forma investida de afeto que é uma forma de padecimento eminente.

Julgamento dos afetos

Ao tratar a soberba como uma espécie de loucura, Espinosa não só a descreve, mas também a julga. Do soberbo que trata os outros com desdém, Espinosa diz tratar-se de alguém que "considera o outro menos do que é justo" (*ibid.*). Com isso, ele pressupõe, aqui sob uma categoria jurídica, que algo compete em si mesmo a um indivíduo, julgando em seguida o desejo conforme guarde uma relação para com isso. Aqui evidencia-se uma tensão peculiar no programa de Espinosa. A sua reflexão de base é que um julgamento dos afetos pressupõe a sua descrição adequada. Fica, porém, patente que quem descreve os afetos tem em mira outra coisa que aquele de cujo desejo os afetos resultam. Isso é consequência de uma atitude teórica que, comprometida com a racionalidade, intelige uma interconexão que não é inteligida nessa forma por aquele que deseja, o qual é o objeto desta teoria. Na análise do desejo, a teoria mostra que a *imaginatio* não só enreda o homem em afetos, como também produz afetos, sendo, nesse sentido, uma faculdade produtiva que instaura interconexões entre afetos. Mas, para além disso, o teórico descreve a interconexão entre os afetos em uma outra perspectiva ao descobrir uma origem que aquele que deseja *não* conhece. Para aquele que deseja afetivamente, os afetos ligam-se de um modo que não exprime a interconexão tal como ela se apresenta ao teórico. O teórico conhece o imaginar como causa dos afetos, mas aquele que imagina não. O teórico desenvolve a gênese dos afetos a partir de uma relação interna entre o empenho e as imaginações, e está claro que, ao fazê-lo, ele não concebe o empenho no *medium* da imaginação. Com isso, não tematiza esse empenho tal como ele é na perspectiva do indivíduo que deseja, portanto não no seu respectivo exercício, do qual contudo, tal como Espinosa o mostrara, se segue todo desejo. A consequência disso é o julgamento teórico dos afetos ter de permanecer exterior ao *conatus* individual.

O que deixa isso mais claro é que, para julgar os afetos, o teórico se serve de um conceito incompatível com o empenho fáctico do indivíduo. Trata-se do conceito de *bem*, com cuja definição Espinosa inicia a quarta parte da *Ética*. Ei-la: "por bem entenderei aquilo que sabemos com certeza (certo) ser-nos útil" (IV, def. 1). Ela está em clara oposição a uma determinação do bem dada anteriormente, que identificara o bem àquilo ao qual se aspira (III, 9s) porque em cada empenho só se aspira àquilo que está a serviço da própria autoconservação e que, nessa medida, é bom por ser útil para aquele que o aspira. Contrariamente a isso, aquela definição submete o bem ao critério de um saber seguro que se deve a uma outra perspectiva. Trata-se da reflexão sobre aquele empenho, reflexão esta que, ao conhecer a interconexão e "as propriedades (*proprietates*) comuns [...] dos afetos" (III, 56s),* sabe quais são os afetos que de fato promovem o próprio ser e, portanto, são bons e quais os que não o são. Enquanto aquele que se empenha também considera bom aquilo que ele alcança mediante o ódio e as ações alimentadas por ele, o teórico é capaz de dizer: "ódio jamais pode ser bom" (IV, 45). Pois ele compreendeu o que o ódio *é*, e ele pode dizê-lo com uma exclusividade absoluta porque entendeu que o ódio potencia a tristeza, sendo, portanto, em princípio, contrário à autoconservação. Assim como sabe que a tristeza é incondicionadamente má, o teórico também sabe que a alegria não o é (IV,41); mas também sabe que a alegria não é irrestritamente boa porque, alcançada momentaneamente como consequência de uma ambição que se serve de meios de rebaixamento e, consequentemente, ruins, ela pode converter-se em tristeza. Ele sabe que a alegria só é boa em uma forma que lhe garanta uma estabilidade constante.

Além disso, o teórico sabe em que consiste essa forma. Quanto a isso, apoia-se em algo que é independente da descrição da vida afetiva dada pela teoria genética dos afetos: o homem só age no sentido rigoroso de uma atividade propriamente sua quando tem ideias adequadas. Esse ponto da doutrina provém da teoria do conhecimento, e é com ele que Espinosa abre a exposição da doutrina dos afetos proposta na terceira parte da *Ética* (III, 1). Também encerra essa exposição com ele (III, 58 e 59) ao apontar afetos que, fundados unicamente em uma ação que se apoia em um conhecimento adequado, são só de alegria, não de tristeza (III, 59). Em antecipação a um julgamento dos afetos, eles poderiam ser designados de irrestritamente bons por serem infensos a uma conversão em seu contrário, na medida em que o impulso originário do desejo foi por eles transformado em um impulso unicamente de alegria. Para Espinosa, os afetos desse tipo não são paixões (*passiones*); ele supõe que sejam expressão de pura atividade. Ele diz que esses afetos estão fundados em uma fortaleza (*fortitudo*) da mente que se divide em um afeto de *firmeza* (*animositas*), quando é em relação ao próprio indivíduo, e em um afeto de *generosidade* (*generositas*), quando é em relação aos demais homens (III, 59s). Neles, o homem atinge uma estabilidade que não está exposta às oscilações do ânimo e que não permite que ele se imponha às custas dos outros, de modo que aqui a relação

---

* N. de T. O original faz referência ao escólio da proposição 55 da terceira parte da *Ética*, seguramente um lapso que aí vai corrigido.

consigo mesmo está positivamente vinculada à relação com os outros. A listagem dos afetos feita no final da terceira parte da *Ética* não os elenca. É bem verdade que a discussão desse tipo de afeto desperta a impressão de ter sido anexada de alguma maneira qualquer, pois Espinosa não deduziu esses afetos ativos a partir do *conatus*, cujas manifestações originadas da *imaginatio* foram por ele descritas como desejo cego, mas não como devidas a um conhecimento adequado. Os afetos compreendidos como atividade estão sob a condição de uma razão que, em sua operatividade, não foi mediada com o *conatus* anteriormente descrito. Isso resulta particularmente claro do fato de que, face ao desejo, a razão se apresenta na forma de um ditame (*dictamen*, III, 59s).

Em geral, é possível dizer que o julgamento dos afetos assume a forma de um ditame quando, recorrendo à razão, não só se constata o que é objetivamente bom ou mau, como também se reivindica levar aquele que só persegue o que lhe parece bom – e que, portanto, deseja sem razão – a desejar o que de fato é bom. Isso é expressão da tensão interna de um projeto teórico que vincula o julgamento dos afetos ao mesmo tempo à reivindicação do seu significado prático. Fazer com que a intelecção racional, a qual possibilita uma teoria adequada dos afetos, seja posta em uma relação tal com o *conatus* e seu desejo que passe a guiar este desejo, significa ordenar ao indivíduo o que ele deveria fazer. Mas precisamente a teoria deve reconhecer que o indivíduo nada pode contra a sua natureza e, assim, contra o próprio *conatus*. Isso faz valer, contra o modo como se entende aquele que deseja, um ponto de vista teórico. Para não ser exterior ao desejo, tal ponto de vista teria de se apoiar no fato de que a forma do *conatus*, que estrutura-se em um indivíduo sob as condições da sua vida no mundo e que o faz desejar de acordo com essa forma, é o encobrimento de um *conatus* originário que, enquanto modificação da *potentia* divina, já determina desde sempre qualquer desejo. Então, a teoria formularia, contra a forma do *conatus* individual que se estrutura a cada caso, o conceito universal de *conatus*. Mas não se pode fazer valer esse conceito contra a *imaginatio*, exposta à ilusão, quando se necessita admitir que o desejo afetivo dos homens, acompanhado de consciência, está a cada caso submetido ao *entendimento* que um indivíduo tem *de si*; entendimento que, por sua vez, governa o desejo. Caso seja assim, a teoria nada poderá alterar no desejo enquanto o homem não se apropriar dela *em* seu empenho. É claro que os afetos humanos, Espinosa salienta-o, são eventos naturais. Mas induz em êrro afirmar que eles poderiam ser considerados como eventos meramente físicos, passíveis de ser tratados, em uma perspectiva prática, como figuras submetidas a uma regularidade universal, pois, nos afetos, o homem é afetado de modo tal que ele se entende a si mesmo por eles. Tal entendimento de si conduz à conformação da afetividade do homem, a qual, por isso, nenhuma teoria das interconexões universais conseguirá modificar contra ele, quer dizer, contra o seu *conatus*.

A esse julgamento racionalmente orientado dos afetos irracionais está ligado um outro momento que, estando em oposição à forma de exercício do *conatus* tal como o é a normatividade e a teleologia, se aproxima da posição da liberdade da vontade. Seguindo a distinção entre realização exitosa e fracassada do próprio ser, Espinosa serve-se do vocabulário tradicional para chamar apenas a forma *exitosa* de vida de virtude (*virtus*). Pois, se no âmbito do espinosismo também é consequente determinar a virtude de um homem não contra o seu poder, e, sim, *como* o seu poder, faz pouco sentido, entretanto, designar de virtuosa (*ex virtute*, IV, 23) toda ação que emana do poder de um indivíduo. "Virtude" seria então uma palavra vazia. Por isso, uma ação que não emana unicamente do próprio poder não é designada por Espinosa de virtuosa. A virtude do homem, que deve certamente ser entendida como sua potência (*potentia*), está, antes, sob a condição de que o homem também "tem o poder (*potestas*) de efetuar coisas que podem ser inteligidas somente pelas leis da própria natureza" (IV, def. 8).* É contra manifestações de um poder de qualquer tipo que Espinosa faz distinção entre *potentia* e *potestas* a fim de tornar claro que a vida humana exitosa depende de o homem fazer com que as suas ações estejam sujeitas de fato à sua própria natureza. Delimitando, assim, o êxito do fracasso, a própria natureza aparece como um ser capaz de, por si próprio, fazer algo, o que manifestamente colide com o conceito de um poder que *per definitionem* só é em suas manifestações e que, nesse sentido, não pode ser entendido como uma *faculdade* que tivesse um poder sobre essas manifestações.

Configuração racional dos afetos

Também quando recorre aos conceitos ontologicamente questionáveis do bem e da potencialidade, o julgamento teórico tem um significado eminente para a prática do domínio dos afetos na medida em que o saber manifestado nele libera o homem da imediatidade de ser atingido por afetos. A distância teórica em relação a eles faz o homem experimentar uma capacidade que lhe permite jogar um afeto contra o outro; portanto, banir um afeto por outro. Ele então liga e combina os afetos de modo a não seguir a imediatidade do desejo cego, mas a ser guiado pela razão. Ao proporcionar um conhecimento da interconexão interna dos afetos, a

---

* N. de T. O original remete por equívoco à definição 7, o que se corrigiu acima no texto.

razão o faz perseguir aquilo que ele reconhece não potenciar a tristeza e, por isso, pelo menos não se interpõe maciçamente ao seu intento natural de chegar à alegria. No ato de sopesar os afetos, também desempenham certo papel alguns pontos de vista modais e temporais mediante os quais é possível enfraquecer ou fortalecer os afetos, pois também considerações daquilo que é temporal (IV, 9 e 10) ou simplesmente possível e contingente (IV, 11-13) libertam o homem da imediatidade de ser tomado por afetos. Lembranças podem ser eliminadas quando consideramos contingente a interconexão lembrada; expectativas de coisas futuras fazem-nos ter esperança quando consideramos possível aquilo que esperamos. Por aí ser decisivo *em vista* do que fazemos isso, pode-se em geral dizer o seguinte: "um afeto que se refere a muitas e diversas causas, que a mente contempla simultaneamente (*simul*) com o próprio afeto, é menos nocivo [...] que um outro afeto igualmente expressivo que se refere a apenas uma ou a poucas causas" (V, 9).* É nossa contemplação que nos faz apreender algo "simultaneamente" e nos liberta da sucessão de uma percepção meramente imaginativa que mantém a mente ocupada (*occupatum tenet*, V, 9d) com o que experimenta no momento.

Foi através do traço do "simultaneamente" que Espinosa introduziu o conhecimento adequado (II, 29s). Mas que não é ele que é como tal operativo é a primeira tese que Espinosa põe à frente de sua teoria de uma lida racional com os afetos. Se, como expressão do *conatus perseverandi*, um afeto tem uma positividade que lhe é própria, então as imaginações ligadas a ele são objetivamente falsas, mas não na perspectiva daquele que está submetido a um afeto. Para poder suprimir um afeto, é necessário levar em conta essa perspectiva. Isso não pode acontecer recorrendo a uma posição que conhece algo verdadeiro: "nada do que uma ideia falsa tem de positivo é suprimido pela presença do verdadeiro enquanto verdadeiro" (IV, 1). Um afeto não pode ser suprimido, esta a conclusão de Espinosa, pelo conhecimento verdadeiro como verdadeiro (*quatenus vera*), mas somente por ele na medida em que se modifica em um afeto (*quatenus ut affectus consideratur*, IV, 14). Dessa forma, esse conhecimento é uma libertação dos afetos que fica presa aos afetos, e é, portanto, uma forma de padecimento que abranda o padecimento.

Por isso, Espinosa trata da possibilidade de se lidar racionalmente com os afetos naquela parte da *Ética* que traz o título de "Da servidão humana e das forças dos afetos" (IV). Libertação dos afetos, sob a dominância de afetos, não é expressão da liberdade do homem, mas sempre ainda de sua não liberdade. Esta persite enquanto o homem não compreender adequadamente o poder de sua razão porque, ao se opor aos afetos, ele a entende

---

* N. de T. Aqui o original remete equivocadamente a IV, 9.

unicamente a partir deles. Assim, a força da razão só pode mostrar-se na superação de algo e, com isso, precisamente não a partir dela mesma; por isso, ela já não é, para Espinosa, expressão de uma vida exitosa que seja uma vida da virtude. Ao final da *Ética*, Espinosa diz em que consiste a força da razão: "não gozamos da virtude por coarctarmos as paixões, mas, ao contrário, gozamos dela por podermos coarctar as paixões" (V, 42). A alegria como expressão de nossa ação não pode surgir da *superação* da tristeza; se surgir dela, será sempre ainda expressão de padecimento.

Nessa medida, o homem livre, descrito por Espinosa nessa parte da *Ética* (IV, 67 seg.), é livre só relativamente, isto é, em comparação com um servo. À diferença do servo que não sabe, ele segue a si mesmo na medida em que faz o que conhece (IV, 66s). Enquanto o seu conhecimento estiver voltado ao que, sob um ponto de vista pragmático, é o mais importante na vida (*in vita prima, ibid.*), ele fica no entanto relativo àquilo que é ameaçador nesta vida. Com relação a isso, o homem livre passará a sopesar os bens orientando-se racionalmente por fins. Esse procedimento o fará perseguir o maior dentre dois bens, mas também o incitará a evitar perigos (IV, 69), incluindo-se aí, não por último, fugir deles a tempo (IV, 69c).

O indivíduo racional sabe que, em primeira linha, é perigoso aquilo que provoca tristeza, ódio e desavença (IV, 69s); portanto, que os perigos partem sobretudo dos ignorantes com os quais convive. Também sabe que não pode retribuir os atos deles com atos iguais, tendo que evitar até mesmo os seus atos benéficos (IV, 70), pois, se respondesse a tais atos benéficos, fazendo--lhes o bem de acordo com a sua forma, que é a de ser guiado pela razão, só provocaria o ódio deles, porque assim estariam sendo tratados diversamente do que eles mesmos esperam (IV, 70d). Sabe, além disso, que ser racional é um assunto invariavelmente particular, pois deve brotar do *conatus* de cada um e sobre este *conatus* a razão de outrem não tem poder algum. E, finalmente, sabe que, para ter uma vida racional, depende de um ambiente favorável que lhe vá ao encontro na forma de uma comunidade política na qual o homem guiado pela razão – assim termina a exposição sobre a servidão – seja mais livre (*magis liber*) do que em uma forma de vida que não se estruture a partir de um decreto comum (*ex communi decreto*, IV, 73).

É claro que todos os indivíduos são dependentes de uma comunhão que evite conflitos, e, em medida particular, o são aqueles que divergem afetivamente. E a pergunta é: como uma comunhão pode em geral brotar dessas divergências, cuja existência é o resultado da teoria espinosiana dos afetos? É bem verdade que o conhecimento adequado dos afetos apreende, nessas divergências, propriedades comuns das quais resultam o seu entrelaçamento mútuo e assim o transcurso de seu surgimento e de seu desaparecimento. Apoiado nisso, Espinosa chega a apreender, em sua descrição da vida afetiva, as ramificações mais nuançadas da economia total da afetividade humana. Mas não se poderá dizer que esse conhecimento se liga, desde uma perspectiva prática, a uma penetração ampliada na vida afetiva concreta que estivesse igualmente comprometida com a adequação. Ao passar do conhecimento teórico da regularidade universal das interconexões afetivas para o domínio prático da vida afetiva em seus pormenores, a razão se transforma: de faculdade de um conhecimento das estruturas comuns verdadeiras, ela passa a ser uma faculdade que, orientada racionalmente por fins, faz o melhor com os dados recorrendo a um cálculo de utilidade. Diante do desejo individual, o conhecimento do universal não tem força quando o universal é apresentado como um mero preceito pelo qual o desejo deve orientar-se, e isso tanto mais que, como preceito, ele determinaria o desejo por algo que lhe é alheio. Fazendo isso, provocaria exatamente o que quer evitar: o ódio contra uma instância que manda de fora e que, em um tal mandamento, não toma o indivíduo tal como ele *entende-se a si mesmo*.

O indivíduo racional, que ao conhecer experimenta uma atividade que lhe é própria, sabe que persistir nessa atividade conduz a uma eliminação dos conflitos oriundos da *imaginatio*. Mas sabe também que ninguém pode ser comandado a persistir nela, pois um mandamento tiraria do homem a espontaneidade na qual unicamente aquela atividade pode subsistir. Quem penetrou racionalmente seu desejo, conhecendo-o – ou seja, quem fez do *conatus imaginandi* um *conatus intelligendi* –, de fato não aspira a algo só para si mesmo, isto é, não se empenha por nada do qual acha que tenha de excluir o outro. Mas que outros também se empenhem desse modo é algo que ele deve deixar ao encargo dos outros e, por conseguinte, do desejo deles. O máximo a se fazer é despertar também nos outros um empenho racional (IV, 37): visar a uma comunicação intersubjetiva livre de conflitos.

É com reflexões desse tipo que Espinosa procura pôr a razão, que ante a desrazão aparece como uma instância que comanda, em uma relação tal com a desrazão que faça jus também a uma razão que existe de modo latente na desrazão, perdendo assim o caráter de um mandamento meramente exterior. Para tanto, a razão do indivíduo teria que se transformar em uma pedagogia habilidosa que guiasse os outros homens de modo a não lhes dar a impressão de estarem sendo guiados, isto é, de modo que a razão não lhes parecesse exterior. Isso abriria um acesso aos outros homens que seria livre de violência e, portanto, não provocaria ódio, estando, assim, em oposição à postura afetiva de alguém que quer obrigar os outros a viver de acordo com o seu modelo de vida. Segundo Espinosa, isso é garantido por meio de formas do fazer o bem e da amizade, nas quais o indivíduo racional respeita os outros homens como seres racionais de modo tal que eles experimentem emocionalmente esse respeito sem que precisem saber da razão desse respeito, razão que é a natureza racional do homem (IV, 37s). Esse esboço sintético faz parte das mais belas coisas que Espinosa escreveu sobre a intersubjetividade humana. Mas ele não esconde que uma comunidade permanece em risco quando seus participantes estão em uma situação de desnível, visto que a postura racional do senso de humanidade (*humanitas*) não conseguirá fazer com que os outros homens assumam tal postura enquanto esta última também não estiver fundada, neles mesmos, em uma razão que só será a deles quando eles mesmos também fizerem uso dela. Por isso, o homem livre precisa ser cuidadoso diante do próximo. Em particular, não lhe cabe, adotando uma postura cética oriunda da sua própria razão, apoiar-se naquilo que se segue unicamente da intelecção racional.

RAZÃO E LIBERDADE HUMANA

A natureza humana

Por que a razão aparece numa forma em que comanda algo, apesar de ser definida por conhecer o que é, mas não por prescrever o que deve ser? É bem verdade que, tal como Espinosa o diz expressamente ao apresentar os seus mandamentos (*dictamina rationis*, IV, 18s), ela não exige nada contra a natureza. Só exige, portanto, aquilo que todos já fazem: "que cada um se empenhe, tanto quanto possível, em conservar o seu ser" (*ibid.*) Mas ela o exige porque se dirige a alguém que entende falsamente aquilo que está nele, ou seja, aquilo que é o seu próprio poder e que, nesse sentido, não deseja o que de fato (*revera, ibid.*) lhe é útil. Conhecer adequadamente é, para Espinosa, o poder na esteira do qual o homem deseja só o que de fato lhe é útil (IV, 23). Que a isso Espinosa ligue uma exigência é consequência de sua filosofia como um todo, pois ele a entende como um programa que se volta contra o fato de o homem ser determinado por algo que lhe é alheio, a saber, por preconceitos que se nutrem do conhecimento inadequado. Os preconceitos humanos amplamente disseminados, dentre os quais se conta essencialmente a concepção de que o saber humano é limitado em princípio, são aquilo contra o qual a filosofia de Espinosa dirige a força ilimitada desse saber. O que Espinosa dirige contra o entendimento que os ignorantes têm de si, deve lhes parecer uma exigência, sobretudo quando procura esclarecer o homem no sentido de que conceba a sua própria natureza como algo do qual faz essencialmente parte o conceber.

Ao mesmo tempo, Espinosa salienta que conceber adequadamente não é um objetivo alheio ao homem. Sendo um inteligir (*intelligere*), diz ele, o empenho oriundo da razão (IV, 26) não está voltado a conhecer os meios verdadeiramente bons para se atingir um objetivo que ainda seja diverso do conhecer. Para um empenho racional, só é bom aquilo que contribui para o inteligir (IV, 27). Consuma-se, então, no conhecimento daquilo que é causa de todo inteligir: o bem supremo da mente cognoscente é o "conhecimento de Deus" (IV, 28). Com essas reflexões, Espinosa alcança uma posição que retomará e desenvolverá adicionalmente na quinta parte da *Ética*; deixando para trás o que se refere à servidão, lá ele tratará da potência do conhecimento e, com isso (*seu*), da liberdade humana. Mas enquanto a razão se apresentar como exigência, ela permanece onerada por aquilo contra o qual ela exige algo. Sob o aspecto ético, trata-se sobretudo dos outros homens em seu comportamento não orientado pela razão.

O olhar para o próximo é, por isso, o que desempenha o papel mais importante na elucidação dos *dictamina rationis*. Se a racionalidade do conhecimento puro ficasse impotente diante da desrazão humana, ao indivíduo racional, que convive com outros indivíduos, só restaria, então, reagir de modo estratégico e não puramente racional à afetividade deles. A simples razão só teria, assim, uma chance diminuta de determinar a vida humana, pois todo indivíduo – e, portanto, também o indivíduo racional – depende, em medida eminente, dos outros homens. Espinosa sublinha que o homem não depende de todas as coisas da natureza, da qual, Espinosa não se cansa de dizê-lo, ele é uma parte. Nesse sentido, ele depende daquelas coisas que "convêm (*conveniunt*) à nossa natureza" (IV, 18s). O traço específico da natureza humana, Espinosa não deixa dúvida alguma sobre isto, é o de ser mente e, por conseguinte, ter representações. Nelas, os homens têm consciência não só dos objetos, mas também de si mesmos. Isso acarreta que eles se entendem a si mesmos de um modo determinado e distinto a cada caso. Como esse modo de entender-se faz os homens incorrerem em uma forma de afetividade que Espinosa descreve como a luta competitiva, ao visar à autoconservação individual, cada indivíduo é essencialmente dependente dos outros.

O traço comum que reside na natureza do homem não contém, portanto, a concordância dos homens entre si segundo a sua natureza. Mas, unicamente, eles são os que promovem a própria autoconservação individual, precisamente por a ameaçarem em sua vida afetiva, pois são eles que também podem desmontar aquilo que é ameaçador, a saber, quando se apoiam na razão. Se a seguirem, também pode ficar garantido que concordem entre si no sentido de uma harmonização (IV, 35). Por isso, *um outro homem* é o mais útil a um homem. É-o aquele que vive segundo a guia da razão (IV, 35c), na medida em que a oposição entre os homens é suprimida por aquilo que é objeto de conhecimento racional. Espinosa afirma expressamente que aqui não é operativa uma razão que se orienta racionalmente por fins. Também afirma que o objeto do conhecimento racional não é aquela regularidade da vida afetiva que é acessível à *ratio*. Esse objeto é unicamente Deus, e conhecê-lo constitui o bem supremo do homem, pois nele, todos podem alegrar-se igualmente (*aeque*, IV, 36), o conhecimento dele é comum a todos (*omnibus commune, ibid.*) e, assim, algo que instaura uma comunhão de fato. Se os homens estão ligados em comunidade só sob a condição do conhecimento adequado, a sua comunhão é, face ao fato do conhecimento inadequado, uma ideia que está por vir. Espinosa chama-a de "ideia do homem", no sentido de um modelo (*exemplar*) da natureza humana, em vista do qual poderíamos conhecer o que é de fato bom para nós (IV, praef.). Não é um conceito universal pelo qual se poderia medir o homem singular, mas o pensamento de uma comunhão do gênero que ainda deve ser efetivada. Tal comunhão só é realizada na atividade cognitiva do indivíduo, e ela tem o caráter de uma ideia apenas em vista de uma atividade ainda não realizada.

É claro que entra nessa ideia uma compreensão da natureza humana que vai além da facticidade das manifestações desta natureza. Talvez apoiada na suspeita de que com isso espera-se demais do homem, surge aqui a possível objeção de que o bem supremo descrito não pode ser comum a todos os homens. A essa objeção Espinosa responde que a comunhão demonstrada surge não da constituição dos homens, a qual é acidentalmente condicionada pelo mundo em que vivem, mas se segue da *natureza da própria razão*, pela qual se pode definir a essência humana efetiva (*ipsa humana essentia*, IV, 36s). Espinosa fundamenta-o dizendo que, de outro modo, "o homem não pode ser nem ser concebido" (*ibid.*); portanto, só quando o homem concebe a si mesmo a partir de Deus, é possível dar uma teoria adequada daquilo que o homem é. Mas a doutrina dos afetos tem a sua base no fato de a natureza do homem ser não razão, mas sim desejo, o qual surge do simples imaginar (*imaginari*) que, sem dúvida, também faz parte dessa natureza.

A fim de não cair em contradição aqui, Espinosa teria de supor que também o desejo está fundado em uma razão apenas ocultada por ele, sem poder, contudo, afirmar que a razão guia secretamente o desejo e que, já sempre operativa nele, o conduz a uma meta concorde com a razão. O que já está presente em todo imaginar é, segundo a ontologia de Espinosa, não o conhecer, mas a *natureza* de Deus (II, 47), com a qual são incompatíveis as suposições teleológicas. Além disso, até agora, Espinosa só expôs que essa presença *possibilita* ao homem o conhecimento da natureza de Deus. Mas ele não demonstrou a realidade desse conhecimento a partir da perspectiva da mente humana. Deixou, contudo, claro que são os afetos, ao determinar o homem de fora, os que se interpõem a uma tal realização. Apontar frente a eles uma simples possibilidade é algo que entra em conflito com a forma de exercício do *conatus*, no qual os afetos têm sua origem. É um pensamento basilar de Espinosa que a comunhão dos homens não pode se fundar em uma possibilidade, mas somente no exercício de fato do conhecimento adequado. Para aquele que é incapaz de exercer ele mesmo esse processo cognitivo, deve, por isso, ser sem sentido a mera ideia de comunhão e, com isso, também a fundamentação que Espinosa endereça a um cético, a objeção do qual se apoia em tal incapacidade.

Se a comunhão tem como pressuposto uma *atividade* que, fundada na natureza do indivíduo, precisamente não se articula nas paixões, a demonstração de elementos estruturalmente comuns da vida afetiva é, então, irrelevante para a pergunta de até que ponto os homens concordam em seus desejos. A tese de Espinosa é a de que os homens, na medida em que estão submetidos a paixões, não concordam segundo a sua natureza (IV, 32). Fundamentou-a Espinosa com uma explicação importante para a compreensão de sua filosofia: "as coisas das quais se diz concordarem por natureza, entende-se concordarem em potência (pela prop. 7 [sobre o *conatus*] da parte 3), mas não em impotência ou negação" (IV, 32d). Concordância pressupõe positividade e, com isso, atividade daqueles que concordam, o que é evidente por si (*res* [...] *per se patet*) para Espinosa: "assim, também se alguém diz que pedra e homem concordam unicamente em serem ambos finitos, impotentes, que não existem por necessidade de sua natureza ou, finalmente, que são indefinidamente superados pela potência das causas externas, ele afirma absolutamente que pedra e homem não concordam em coisa alguma; pois coisas que concordam só na negação ou naquilo que não têm, na verdade, não concordam em coisa alguma" (IV, 32s). Todas as determinações que competem aos homens em comunhão com qualquer outro ente – ser finito, não existir por si mesmo, depender de causas externas por ser parte da natureza, em suma, ser um modo – em verdade, de maneira alguma o caracterizam, pois essas são determinações meramente gerais ou exteriores às quais o homem, está submetido, é bem verdade, mas através das quais não pode ser concebido em seu ser próprio.

Que, enquanto modo, o homem tem algo em comum com todas as demais coisas da natureza e que, para conceber-se adequadamente, ele tem de se compreender como um tal modo, é uma determinação tão vazia que, se fosse relevante, reduziria o espinosismo à falta de conteúdo própria da doutrina da unidade de tudo. Frente a isso, Espinosa salienta que uma comunhão só resulta, em geral, de uma atividade que parte dos indivíduos. Por isso, para Espinosa, a comunhão depende de uma forma de conhecimento na qual uma tal atividade se manifesta. Se a ideia de comunhão, enquanto ideia de uma natureza humana que é atividade, é concebida em vista de os homens deverem aproximar-se dela a fim de realizarem uma comunhão que os una, então vale que todo indivíduo precisa fazer tal aproximação a partir de si mesmo, não se tratando mais, então, de uma aproximação a algo que é estranho ao indivíduo.

Por essa razão, dentre todas as coisas da natureza, só são de interesse para a vida humana exitosa aquelas coisas que, com base em seu equipamento, podem exercer este processo que consiste em conhecer. Não é possível deixar de ver que as reflexões de Espinosa que vão nesse sentido, tornam patente um antropocentrismo peculiar em meio à obra desse crítico do antropocentrismo. A promoção e a inibição de nossa força operativa só pode provir de coisas que têm algo em comum com a nossa natureza (IV, 29). Esse elemento comum não se encontra no *status* de ser modo, segundo o qual o homem teria algo em comum com todas as coisas da natureza, mas sim no *status* de ser *mens humana*, de ser, portanto, um ente que se representa coisas. Uma vez que é unicamente através desse *status* que Espinosa desenvolve as condições sob as quais está a autoconservação exitosa do indivíduo, deve-se ter o cuidado de não ligar demasiado rápido uma ética ecológica com a sua filosofia. Uma ética de tal tipo teria de supor que o saber do homem acerca da sua posição limitada em uma natureza que o abarca estaria vinculado a um respeito pela natureza. Ao contrário disso, Espinosa diz expressamente: "pois a razão ensina a nós, que procuramos o que nos é útil, a necessidade de nos associarmos com homens, mas não com animais ou coisas cuja natureza é diversa da natureza humana" (IV, 37s1). Na busca do que nos é útil, nada nos proibe de "usar os animais à vontade e de tratá-los como mais nos convém, uma vez que não concordam conosco em natureza e visto que os seus afetos são diversos por natureza dos afetos humanos" (*ibid*.).

A arbitrariedade desse uso tem para Espinosa os seus limites não na natureza, mas em nossa utilidade. Sobre essa utilidade os homens têm de se pôr de acordo intersubjetivamente, mas o ponto racionalista particular aí implicado é que, para nós homens, a forma suprema de utilidade está naquilo que primeiro torna possível pôr-se de acordo, a saber, está em uma forma de conhecer em que o conhecer se basta a si mesmo. Se a razão, orientando-se racionalmente por fins, age tendo em vista, para nós, a utilidade das coisas internas ao mundo, segui-la é, então, certamente melhor do que desejar cegamente. Não obstante, com respeito a algo útil que ainda seja diverso do conhecer, não poderá haver concordância alguma entre os homens, pois aqui se fazem valer preferências de tipo meramente subjetivo que são condicionadas pelo mundo em que se vive.

Uma orientação racional só é possível ao homem em um campo que seja racionalmente cognoscível. Ao mesmo tempo, essa é a racionalidade à qual se restringem as investigações de Espinosa, pois ele acredita que é unicamente através delas que pode ser dada uma determinação adequada do homem e, com isso, daquilo que significa orientar-se racionalmente. Que os animais tenham afetos, que talvez até todo ente os tenha, como Espinosa afirma (cf. III, 3s), esse estado de coisas não é, contudo, apto a ser teorizado e é, por isso, insignificante para nós. Contrariamente à formulação de Espinosa, a natureza dos afetos de modo algum é conhecida através do conhecimento das "leis e regras universais da natureza [no todo]" (III, praef.), mas através do conhecimento da natureza *humana* em seu caráter específico, por mais que ela seja determinada por leis universais da natureza que valem para todas as coisas. Por não conterem nada de específico para uma teoria da mente humana, tais leis só têm uma pequena força explicativa. Em consequência, todos os diversos campos da mente humana são discutidos por Espinosa só na medida em que são significativos para a mente. O corpo não é investigado quanto ao que ele pode em virtude de uma *potentia* que lhe seja própria, coisa sobre a qual nada de suficiente podemos saber (III, 2s), mas sim quanto ao modo como, enquanto corpo humano, se apresenta em uma perspectiva mental. As leis universais do mundo corpóreo, que devem ser entendidas como especificações do modo infinito "movimento e repouso", não são investigadas com o fito de saber como se pode, em particular, obter delas as leis físicas, mas com o objetivo de saber o que significa o conhecimento delas para o homem exposto às imaginações. E a substância divina enfim, da qual se segue tudo e, com isso, também tudo aquilo que podemos conceber, é um princípio abstrato que nos determina exteriormente enquanto não a concebermos e, juntamente com isso, nos compreendermos a partir dela.

As outras coisas que, de acordo com a sua natureza, *não* podem conceber, ou seja, os simples corpos aos quais apenas corresponde, sem ser para eles, uma ideia que seja a sua imagem, permanecem expostos a um *conatus* cego. Não conseguem conservar-se na operatividade deste último, então perecem. Espinosa diz, com toda a contundência, que isso é a lei de sua natureza específica, com relação à qual não há nada a reclamar. O biógrafo Colerus relata que Espinosa jogava moscas em uma teia de aranha e observava, bastante divertido, a luta delas (Biografia de Espinosa, Amsterdam 1705, cap. 9). Mesmo que isso, assim esperamos, não seja verdade, não é tão despropositado assim inferi-lo de sua filosofia. E Schopenhauer, que não tinha a razão em alta conta, achava que isso correspondia "bem demais" às proposições teóricas repreensíveis de Espinosa (*Parerga und Paralipomena*, Werke ed. de Frauenstädt, vol. V, p. 78). Os homens, em contrapartida, devem, em todo caso, ser tratados de outra maneira segundo a teoria de Espinosa. Também os mais burros não podem ser objeto de uma simples contemplação que sinta alegria com a sua estultícia; também eles devem ser promovidos em sua racionalidade latente.

Que o homem de fato está em condições, mercê de sua natureza, de conceber à maneira favorecida por Espinosa é algo que, obviamente, não pode ser mostrado contra a sua natureza. Também não pode ser mostrado contra a determinação fundamental que compete a ele como a todo outro modo da natureza divina, a saber, a de ser *conatus*. O homem nada pode contra essa forma específica, de modo que também não pode conhecer contra ela. Somente quando o conhecimento adequado abona ao homem aquilo ao qual ele visa em seu *conatus*, a saber, "ser, agir e viver, isto é, existir em ato" (IV, 21), é que ele também poderá determinar o homem no exercício da sua vida. E somente quando tiver sido mostrado que isso é o caso, poder-se-á dizer com justiça que tal forma de conhecimento constitui a natureza do homem. Mostrá-lo é o que Espinosa empreende na última parte da *Ética*.

O poder do intelecto

A quinta parte da *Ética* trata da potência do intelecto (*de potentia intellectus*) e desenvolve a partir dele uma teoria da liberdade humana. Divide-se em duas partes claramente separadas, cuja cesura é marcada por V, 20s. Aí Espinosa diz que, após a discussão daquilo que diz respeito à vida presente, pretende agora passar à investigação acerca da duração da mente sem relacioná-la com o corpo, o que leva então a uma teoria da eternidade da mente. Muitos intérpretes têm grandes dificuldades com essa passagem, inclinando-se a descurar daquilo que daí se segue por ser incompatível com o que precede. Como pode a mente humana, que de acordo com o paralelismo dos atributos é definida por uma relação com o corpo, ter um significado sem estar em relação com o corpo senão em uma esfera além deste mundo? Refugiar-se nessa esfera para escapar aos afetos e, com isso, ao padecimento de nossa finitude não seria um consolo duvidoso? De fato, uma tal fuga do mundo e o, nela implicado, abandono de nossa finitude seriam incompatíveis com o espinosismo. Isso teria de ser remontado a elementos de um misticismo que o autor Espinosa ainda não erradicara anos depois do *Breve tratado sobre Deus, sobre o homem e sua felicidade*, obra que havia propagado uma união da alma com Deus. Nesse caso, o fim da *Ética* seria um apêndice incoadunável com aquilo que é apresentado em outras partes dessa obra.

Ora, uma filosofia da imanência cujo princípio *se consuma no mundo* como causa produtiva não pode assumir o discurso de uma passagem na qual a mente humana experimentasse uma eternidade que não fosse vinculada às condições de sua mundaneidade. Seu princípio não pode conceder ao homem algo que ele não pudesse usufruir na vida presente, mas apenas em algum momento posterior. Mas também não se encontra nada disso na teoria espinosiana da eternidade da mente humana. Pondo de lado a relação com o corpo, essa teoria só radicaliza aquilo que constitui a essência de uma ideia adequada (II, def. 4): conter nela mesma, e não na relação com aquilo do qual ela é uma ideia, o algo que a torna uma ideia verdadeira. Nessa medida, não há nada de novo em salientar que se põe de lado tal relação. Novo é só que esse procedimento é agora aplicado radicalmente à mente humana como o sujeito de ideias ao se perguntar até que ponto o homem pode, a partir do fato de ter ideias adequadas, compreender-se no todo de sua existência.

Como princípio de ideias adequadas, a forma de conhecimento da *ratio* até aqui tematizada foi investigada quanto à relação com o corpo que lhe é própria. É bem verdade que Espinosa mostrou que, na dedução das ideias a partir da substância divina, ela contempla as coisas como necessárias (II, 44), concebendo-as, portanto, sob um aspecto que não resulta da relação com o corpo. É o aspecto da *eternidade* (*sub specie aeternitatis*) sob o qual a *ratio* percebe as coisas (II, 44s2). Mas, no que se segue, Espinosa não perseguiu mais de perto esse aspecto, pois compreendeu a *ratio* como uma força para contrabalançar os afetos e a enquadrou no empenho afetivamente determinado do homem. Além disso, ele deixou claro que a *ratio* apreende as coisas meramente sob um *determinado* aspecto da eternidade (*sub quadam aeternitatis specie*, II, 44c2), como que sob um aspecto do aspecto, a saber, com respeito a um universal a partir do qual um indivíduo não pode conceber a si mesmo. Simultaneamente ele deixou claro, contudo, aquilo unicamente no qual pode consistir a potência da *ratio* para combater os afetos: não no conhecimento de uma regularidade universal da vida afetiva, mas em uma conformação do *conatus* individual para que se empenhe em desejar só aquilo que promova o conhecimento adequado (IV, 26). É exatamente com esta reflexão que se fecha a quarta parte da *Ética*: aquele que se empenha por algo com base em um conhecimento adequado "empenha-se em conceber coisas como são em si e em remover os impedimentos do conhecimento verdadeiro" (IV, 73s).

Falta ainda investigar – eis a passagem de Espinosa para a quinta parte – "até onde estende-se a virtude humana [portanto, o poder do homem] para conseguir isso e o que ela pode" (*ibid.*). São os dois campos que correspondem às duas divisões dessa parte: a investigação do alcance da potência de nosso intelecto e a investigação do que é essa potência. Intelecto (*intellectus*) é aí uma expressão neutra para a faculdade cognitiva humana, a qual é tematizada, sob o ponto de vista do conhecimento adequado, inicialmente como *ratio* e depois como *scientia intuitiva*. O problema de determinar o alcance do conhecimento racional, mencionado no fim da quarta parte, origina-se da oposição entre conhecimento adequado e conhecimento inadequado. O homem racional sabe, é o que salienta o escólio final, que segundo a sua essência tudo se segue da necessidade da natureza divina, e ele sabe que uma outra contemplação das coisas está fundada no conhecimento inadequado da *imaginatio*. Mas o modo racional de contemplação, que em sua estrutura é independente do imaginativo, está facticamente ameaçado, na vida concreta do homem, pelo conhecimento inadequado que imagina processos corporais. Devido a isso, o conhecimento adequado, que tem como objeto o eterno, aparece como um empenho contra essa ameaça, empenho que fica determinado por aquilo contra o qual vai.

Frente a isso, o alcance do conhecimento racional deve agora ser exposto a partir de uma potência que, como uma força da mente, compete *unicamente ao intelecto*. Formula-o a primeira proposição da quinta parte: "tal como os pensamentos e as ideias das coisas se ordenam e se concatenam na mente, assim também as afecções do corpo ordenam-se e concatenam-se à risca no corpo". Não se afirma apenas, como até então, que a mente consegue a partir dela mesma uma ordem de ideias, mas, para além disso, a uma tal ordem da mente corresponde uma ordem no âmbito daquilo que é corpóreo. Essa tese – a despeito da demonstração de Espinosa – não pode ser demonstrada pelo paralelismo do mental e do corpóreo que está ancorado na ontologia. Além disso, esse paralelismo também está na base de uma acentuação inversa, em consequência da qual, no conhecimento imaginativo, as ideias ligam-se na mente humana de acordo com o modo de ligação das afecções do corpo. De uma constituição do corpo humano, Espinosa inferiu uma sucessão correspondente de ideias na mente humana, ficando claro em que medida a mente está submetida *ao corpo* sem que haja uma relação causal. Do mesmo modo, ele teria que mostrar, a partir de uma constituição da mente humana, em que medida eventos do corpo ligam-se de acordo com o modo de ligação intelectual das ideias e, por conseguinte, que o corpo está submetido *à mente* sem que haja uma relação causal.

Está claro o programa que Espinosa persegue aí. Trata-se não de uma ordenação intelectual das afecções do corpo como eventos puramente físicos, e sim, como o expõem as duas proposições seguintes, dos *afetos*. Unicamente com respeito a eles, os nossos pensamentos têm uma chance, pois os afetos, fundados na *imaginatio*, são na verdade condicionados pelo corpo, mas, à diferença de eventos meramente corporais, eles são acompanhados de pensamentos *pelos quais* a vida afetiva é configurada. Em particular, é o pensamento de uma causa exterior que faz com que alegria e tristeza sejam sempre acompanhadas de amor e ódio. Nossa chance consiste em, através de uma modificação dos pensamentos, desligar um afeto do objeto que é experimentado como causa do aumento ou da diminuição da própria potência operativa, suprimindo-o então, precisamente com isso, como esse afeto determinado (V, 2). A reflexão ulterior de Espinosa é a de que é possível submeter os afetos ao poder *simplesmente* do pensar quando este pensar, ao pôr de lado um objeto determinado, não se dirige a um outro objeto interno ao mundo nem a um universal no sentido de uma estrutura sempre a mesma do todo do mundo, mas se dirige àquela coisa que, de fato e duradouramente, aumenta a potência operativa do homem quando este se compreende a partir dela.

Tal objeto é Deus, o qual Espinosa passa agora a discutir sob um ponto de vista afetivo. Com a ideia dele, o intelecto pode relacionar não apenas todos os afetos que existem independente do conhecimento adequado (V, 14), mas ao conhecimento dele também está ligado um afeto. É o afeto de alegrar-se com o conhecimento e com o, nele implicado, aumento operativo da própria potência. O conhecimento não se modifica nesse afeto com o intuito de poder regular a economia dos afetos adaptando-se a eles, mas esse afeto brota do próprio conhecer. Sob esse pressuposto, assim acha Espinosa, o conhecimento pode interferir na vida afetiva do homem de um modo tal que supere aquela debilidade do conhecimento racional com respeito aos afetos que já fora formulada pela primeira proposição da parte da *Ética* dedicada à servidão: a debilidade de, em vista de um universal, não poder suprimir um singular porque a este compete, como expressão de um desejar individual, uma operatividade e, portanto, uma positividade, por mais falso que seja aquilo que se articula nele. O argumento de Espinosa de que no simples conhecer reside uma força de regulação dos afetos, apoia-se agora na premissa de que o afeto da alegria, ligado ao conhecimento adequado, é mais forte que todos os afetos alimentados de outras fontes. Para isso, teria de ser demonstrado que o homem, em seu desejar individual, é de fato *atingido* por esse afeto mais fortemente que por todos os outros.

Mas não é possível demonstrar que ele é atingido assim quando Deus é conhecido sob o aspecto da *ratio*. Sob tal aspecto, ele aparece em uma função análoga àquela que os modos infinitos têm com respeito aos eventos corporais (V, 4). Claro, à diferença dos modos infinitos, Deus não é apenas um ponto de referência unitário com o qual tudo que é pode ser relacionado pelo intelecto, é também uma instância que o homem pode experimentar como causa do aumento de seu próprio poder cognitivo (V, 15). Nesse sentido, Deus, entendido como causa, pode ser *amado* pelo homem. E, nessa medida, através do afeto do amor, liga-se ao conhecimento um ponto de vista emocional que pode ser legitimado com vistas a Deus, mas não com vistas a estruturas universais do mundo. Desse amor a Deus (*amor erga Deum*) Espinosa afirma que ele é o que mais deve ocupar (*occupare*) o homem (V, 16). Demonstra-o, contudo, não sob a perspectiva da mente que se experimenta a si mesma, mas de modo abstrato do fato de que o amor a Deus, oriundo do pensar, está ligado a todas as afecções do corpo, pois todas podem, sem exceção, ser referidas a Deus por nosso pensar (V, 16d). Apreendido sob o aspecto da *ratio*, Deus permanece necessariamente exterior à mente humana, o que entra na locução *erga Deum*, a qual exprime um frente a frente. *Quando* é conhecido como causa de uma autoelevação experimentada no conhecer, Deus é causa não de uma elevação presumida, mas de uma elevação de fato que é em si estável e, assim, se conserva, de sorte que é possível dizer: "amor a Deus não pode converter-se em ódio" (V, 18c). Mas Deus não é conhecido como uma tal causa enquanto ele, entendido no conhecimento racional como um universal, estiver presente ao homem de um modo tal que não se possa ver como, nesse modo, o homem também poderia conceber a si mesmo.

Em um último passo Espinosa investiga, por isso, que forma o amor a Deus assume quando aquele que conhece simultaneamente entende a si mesmo nela. Caso deva poder ser amado por um indivíduo como causa da elevação do próprio saber, Deus tem de estar presente ao indivíduo cognoscente de um outro modo do que o dos modos infinitos em sua universalidade. E deve sê-lo de um modo que modifica o conceito de amor ao ponto de que tal amor torne-se uma forma na qual a mente humana não ama mais uma causa que lhe permanece exterior. Um tal amor Espinosa chama de eterno (V, 33), e chama-o de amor intelectual, isto é, puramente mental (*amor intellectualis*, V, 32c), por estar fundado unicamente na potência do intelecto (*intellectus*). Essa potência não é mais a da *ratio*, mas sim a da *scientia intuitiva*, cuja estrutura é exposta por Espinosa em conexão com uma elucidação da eternidade da mente humana.

A eternidade da mente

A teoria espinosiana da eternidade da mente humana é um ponto de sua doutrina que emana de modo consequente da filosofia desenvolvida em sua *Ética*. A ontologia e a teoria do conhecimento, que se referem uma à outra, são unidas no final da obra. Um dos momentos essenciais da ontologia é uma teoria da eternidade (*aeternitas*) de Deus; um dos momentos essenciais da teoria do conhecimento é uma teoria da mente humana. O que a substância divina produz em sua eternidade é algo eterno, de modo que, se ela consuma-se como causalidade imanente às coisas, ela necessita lhes comunicar algo eterno. O essencialismo de Espinosa reza que uma essência eterna compete a cada coisa finita, que é transitória; só na medida em que tal é o caso, pode-se dizer que, também em sua temporalidade, essa coisa depende da substância divina, sendo, assim, um modo dela. Essa essência eterna é a *potentia agendi* que se modifica em um *conatus*; é como tal *potentia* que uma coisa finita existe temporalmente e está exposta a eventos externos de tipo temporal. Ao lidar com tais eventos, seja na forma de simples adaptação, seja na forma de uma integração que tem um sucesso maior ou menor, forma-se a configuração própria do *conatus* em pauta e, com isso, a coisa assume a sua forma individual. Autoconservação, a categoria central sob a qual Espinosa coloca o agir de uma coisa finita, significa, pois, conservação do próprio *conatus*. Conservá-lo face às influências de fora significa aumentá-lo em sua operatividade.

Isso tem mais êxito no modo do conhecimento adequado. Esse tipo de conhecimento está dirigido às coisas como são em si, portanto, ao elemento eterno contido nelas que se segue da natureza de Deus, e não às coisas tal como nos aparecem segundo a sucessão temporal em que nosso corpo é afetado. Tudo isso Espinosa expôs no contexto de uma teoria do bem como aquilo que de fato serve à autoconservação. Ao mesmo tempo, no entanto, mostrou que o conhecimento adequado, para ter uma força capaz de motivar o sujeito agente, tem que estar ligado ao *conatus* individual, não podendo portanto dirigir-se a algo que lhe seja transcendente. Espinosa pretende agora mostrar que esse conhecimento tem força motivadora em medida excelente quando se dirige ao próprio *conatus* e o concebe como eterno, isto é, quando o entende não mais a partir dos eventos temporais contra os quais ele tenta ter algum êxito. É a esse estado de coisas que se liga a teoria espinosiana da eternidade da mente humana: ela é eterna *na medida em que* se conhece como eterna.

Portanto, a mente humana não é eterna porque lhe compete uma essência eterna, a qual, de resto, também compete ao corpo (V, 22d) sem que Espinosa diga que o corpo é eterno. A mente é eterna unicamente porque *conhece* algo eterno e esse conhecimento faz parte de sua essência (V, 23), a saber, como um modo certo de pensar (*certus cogitandi modus*, V, 23s) que ela mesma exerce. Aquele que conhece é eterno porque, ao conhecer "sob um aspecto da eternidade", tal aspecto também compete àquele que conhece desse modo. E isso só é possível se aquilo que ele conhece é algo (*aliquid*, V, 23), ou seja, sob o pressuposto que o eterno seja real, ou dito de outro modo: que haja essências eternas. Mas a mente não é eterna porque as essências são reais, mas sim porque as conhece. A ontologia do essencialismo é uma condição necessária, porém não suficiente, para a eternidade de um modo finito, a qual precisa ainda da condição adicional de que esse modo conheça essências.

Por isso, o essencialismo ontológico não proporciona nada a um corpo que não pensa; e, por isso, um corpo singular nada mais é, segundo Espinosa, senão transitório. Mas proporciona algo à mente, pois esta, ao conhecer aquilo que está nela, pode compreender a si mesma. Que só *é* eterno aquele que *conhece* o eterno, segue-se de modo consequente da teoria espinosiana dos modos finitos, cujo ser individual não pode ser tornado compreensível a partir da uma substância em sua eternidade. Que são, em sua finitude, modos realmente distintos da uma substância, é algo que só pode ser exposto, partindo deles mesmos, através de um modo de conhecimento em que eles se colocam, a partir deles mesmos, em relação com a substância. Se aí se evidenciarem como modos da uma substância, então evidenciam-se necessariamente como modos eternos, ao passo que as coisas que não fazem isso são apenas modos evanescentes. Partindo da substância, só podem ser caracterizados de maneira abstrata através de determinações que lhes permanecem exteriores e que os tornam simplesmente partes transitórias do todo do mundo, a eternidade do qual podendo ser afirmada porque, diversamente deles, ele se segue *imediatamente* da natureza de Deus.

No vínculo da eternidade da mente humana com o seu conhecer, reside ao mesmo tempo que o homem só é eterno quando pensa e enquanto pensa. E já que ele só pensa quando e enquanto tem um corpo, sem o qual ele de modo algum seria um modo que pudesse pensar, ele também só é eterno *nesta vida*. Que a mente humana não pode ser completamente destruída junto com o corpo, mas que sempre resta (*remanet*) algo dela que é eterno (V, 23), não pode significar que lhe compete uma eternidade após a morte, mas apenas que há nela algo que é independente do corpo em sua temporalidade. Esse algo é um ato cognitivo que não reproduz aquilo que ocorre no corpo. Essa eternidade da mente humana ligada ao ato de intelecção foi oposta por Espinosa à experiência da temporalidade ligada à corporalidade. Espinosa formulou essa oposição dizendo que o homem, não obstante, sente e experimenta a sua eternidade (*nihilominus sentimus experimurque nos aeternos esse*, V, 23s), a qual não pode ser descrita por nenhuma experiência temporal. É difícil interpretar tal formulação. Será, contudo, lícito dizer que ela deve exprimir que o homem se dá conta de sua eternidade nesta vida, não na forma de uma esperança ou de uma expectativa, mas em uma experiência de si no ato de conhecer (*intelligindo, ibid.*) que ele sabe dizer respeito a ele mesmo.

Essa forma de conhecimento é *scientia intuitiva*. Espinosa define-a assim: ela conhece, a partir da natureza de Deus, as coisas singulares em sua essência (II, 40s). Ligando-a expressamente à determinação fundamental de um modo finito, qual seja, a de ser *conatus*, Espinosa determina-a como a forma suprema desse modo (V, 25). Nela, a mente humana aumenta a própria potência operativa de modo ótimo, pois em virtude de seu conhecer ela se torna aquilo que ela já é desde sempre a partir de Deus, ou seja, um modo eterno. Por nem sempre conhecer desse modo, mas também do modo inadequado da *imaginatio,* o homem sabe que depende dele conhecer desse modo, de sorte que a alegria ligada a essa autoelevação seja acompanhada da ideia de si mesmo (*idea sui*), do próprio poder (*suaeque virtutis,* V, 27d). Por isso, Espinosa ligou ao conhecimento intuitivo o afeto de um autocontentamento que repousa em si (*acquiescentia in se ipso,* III, def. aff. 25), e que nele alcança a sua forma suprema (*summa mentis acquiescentia,* V, 27) porque aí o homem se sabe como causa de uma ação que depende unicamente dele mesmo. O conhecimento intuitivo é determinado como uma atividade que repousa em si mesma e que não é onerada por aquilo contra o qual se dirige, a saber, contra a exterioridade de ser afetado de fora pelo corpo, processo sobre cuja sucessão temporal a mente não tem poder algum.

Mas esse conhecer ainda é um empenho na medida em que é a atividade de uma mente *finita* que existe temporalmente e que, no curso de sua vida, também é determinada por conhecimentos inadequados contra os quais procura fazer valer aquilo que depende só dela mesma. A eternidade da mente é uma eternidade na sua temporalidade, mas não pode ser tornada compreensível a partir de experiências da temporalidade. Por isso, Espinosa também não explica como o homem pode alcançar, a partir de suas experiências temporais, uma experiência do eterno no conhecimento intuitivo. Ele só explica que o homem, uma vez que a alcançou, atinge uma nova compreensão de si mesmo, compreensão que, intocada pela temporalidade, o faz continuar a contemplar as coisas *sub specie aeternitatis* e, portanto, por si mesmo prosseguir a reforçar esse modo de contemplação (V, 26).

É claro que essa autodeterminação está sob uma condição que não pode vir a ser compreendida a partir do desempenho da mente humana. Causa do conhecimento intuitivo, diz Espinosa, é a mente na medida em que é eterna (V, 31), ao passo que ela só é eterna, Espinosa também o diz, na medida em que conhece desse modo. Tal tese, com ares de circularidade, só ressalta o que é resultado de toda a ontologia de Espinosa, a saber, que o conhecimento humano está submetido a uma condição ontológica que é independente dele. Trata-se da produtividade imanente de Deus, que faz das coisas modos a cada um dos quais compete uma essência. A mente humana pode conhecer intuitivamente só porque lhe compete uma essência eterna; mas só conhece intuitivamente quando a concebe a partir de sua causa, isto é, quando a deduz de Deus. O conhecimento intuitivo tem como pressuposto a presença de Deus na mente humana; tornar-se consciente dessa presença significa conhecer intuitivamente. Por isso, o conhecimento intuitivo inclui não só o conhecimento de si, mas também o conhecimento de Deus, e as duas coisas numa só (*sui et Deus conscius*, V, 31s). À diferença do conhecimento racional, o conhecimento de Deus não é abstrato, pois, nele, Deus não é conhecido como causa das estruturas universais do mundo, mas sim como causa de algo singular – a própria mente cognoscente. Se, conforme à ontologia, tudo é em Deus e sem ele não pode ser concebido (I, 15), então, a mente, que sob pontos de vista universais concebe adequadamente muitas coisas, em seu conhecimento intuitivo não sabe acerca dessas coisas que elas são em Deus e são concebidas por ele; ela só o sabe acerca de si mesma (V, 30).

Com isso, para além do seu caráter abstrato de ser uma simples teoria das estruturas, a ontologia exposta na primeira parte recebeu, com a mente cognoscente, uma concreção que não poderia ser alcançada se, no conhecimento intuitivo, a mente humana se fundisse de algum modo com Deus e se desvencilhasse da própria finitude. Também não poderia ser alcançada tal concreção se o conhecimento intuitivo não estivesse comprometido com uma forma de racionalidade na qual o homem se experimenta como um ente finito e se sabe como um efeito tal que, conhecê-lo, significa conhecer a sua causa (cf. I, ax. 4). Só sob o pressuposto de uma diferença entre causa e efeito, o homem pode determinar-se em sua vida através do modo como ele se concebe a partir de Deus. Que isso é possível no conhecimento intuitivo é algo que Espinosa tenta mostrar pela demonstração de que a ele está ligado um afeto que atinge, em máxima medida, a própria mente finita, afeto que, por isso, tem uma força que domina todos os demais afetos.

Trata-se do afeto de um amor mental a Deus, em cuja elucidação culmina a teoria espinosiana da eternidade da mente. Esse afeto é mental por se originar, no conhecimento intuitivo, unicamente de um ato da mente (V, 32c), e é amor por esse conhecimento ser acompanhado da consciência da mente de que ela só é causa dele quando ela se concebe a partir de Deus como causa dela mesma. Aquele que conhece ama-o como causa da alegria que aquele que conhece intuitivamente experimenta na própria autoatividade (V, 32). Causa dessa alegria é unicamente o nosso pensar, a saber, a ideia de Deus formada por nós (V, 32). Mas o objeto de nosso amor não é um Deus meramente pensado, mas o próprio Deus (V, 32c) que, no conhecimento intuitivo, é conhecido naquilo que ele é e não apenas em um ser deformado pelo simples imaginar. Esse é o argumento em prol da tese de que tal forma de amor não pode converter-se em seu contrário, pois ele não se alimenta da imaginação de algo que, como simplesmente imaginado e não conhecido verdadeiramente, é simplesmente uma suposta causa de nossa alegria. Espinosa diz expressamente que, no amor mental, não experimentamos Deus de um modo que ultrapassa o nosso conhecimento: amamo-lo "enquanto inteligimos (*quatenus intelligimus*) ser Deus eterno" (V, 32c). Não o amamos por ser eterno, mas por *concebermos* que é eterno. Isso contém a tese provocadora de que aquele ao qual é vedado este conceber também não poderia amá-lo.

Quem ama Deus por outra razão, por exemplo porque ele concede ao homem algo que é independente do ato de seu conhecer, tal como uma vida após a morte, só está, quanto ao que Deus é, confundido pelo conhecimento deficiente de sua *imaginatio* (V, 34s). Ao mesmo tempo, isso implica que Deus consuma-se, segundo a sua natureza, no conhecimento humano, não sendo ele ainda, para além disso, algo que fica fora de consideração quando é contemplado unicamente sob o aspecto de nosso conhecimento. Como isso não pode ser demonstrado a partir da simples natureza de Deus, que não tem relação alguma com nosso conhecimento, deve-se demonstrá-lo a partir de nosso conhecimento. A isso serve a demonstração que o *conatus* de um indivíduo consuma-se no conhecimento intuitivo, pois nele o homem alcança o repouso de uma "satisfação da alma" (*animi acquiescentia*, V, 36s) que o faz nada desejar que não se siga do seu próprio desejo concebido como conhecimento. O homem alcança aquela satisfação porque, no conhecer, ele se experimenta de modo *incondicionado*. Isso não seria possível se ele não tivesse concebido Deus, não como aquela instância do além que ele jamais poderia mesmo conceber, mas como a sua causa imanente a ele mesmo. Saber Deus dessa maneira significa saber-se a si mesmo como eterno. Neste saber, que é conhecimento de si e conhecimento de Deus em um só, a mente humana finita estabelece, a partir dela mesma, uma relação com Deus na qual ela concebe Deus; e isso não seria possível se Deus não estivesse em uma relação com ela como sendo algo que conhece.

A reciprocidade dessa relação, a qual exprime a reciprocidade entre ontologia e teoria do conhecimentodo que caracteriza a filosofia de Espinosa como um todo, só pode, no entanto, ser elucidada unilateralmente, isto é, a partir do homem cognoscente. Isso mostra-se em particular no fato de que o amor intelectual obtido do conhecimento humano, o qual não tem um lugar na ontologia da substância, é *transferido* por Espinosa a Deus e transformado, ao mesmo tempo, em um amor de Deus pelo homem (V, 36c). Há aí uma aparência de antropomorfismo. Espinosa procura esquivar-se a isso atribuindo inicialmente a Deus o predicado de amar-se intelectualmente a si mesmo (V, 35) e determinando então o amor da mente a Deus como parte desse amor de Deus a si mesmo (V, 36). Mas isso não tem plausibilidade alguma, uma vez que, segundo a sua natureza, Deus nem conhece nem se alegra, caracendo, portanto, dos traços que dariam sentido ao discurso sobre um amor intelectual que, por isso, ele também introduzira unicamente com relação ao homem (V, 32c). Em verdade, o amor atribuído a Deus é o amor por homens que o amam. Nele, Deus ama a si mesmo quando muito de modo metafórico, na medida em que a sua natureza está presente inteiramente no conhecimento intuitivo do homem ou, nas palavras de Espinosa, "enquanto pode explicar-se pela essência da mente humana, considerada *sub specie aeternitatis*" (V, 36). Por Deus exprimir-se naquilo que é essencial à mente humana, e exprimir-se não em uma perspectiva reduzida, mas na sua natureza de fato, Espinosa manifestamente acredita que Deus pode ser caracterizado com o traço do amor ligado ao conhecimento humano.

Mas, objetivamente, Espinosa não pode afirmar nem que é intelectual o amor de Deus, o qual não pensa, nem que, uma vez que Deus não se aperfeiçoa, esse amor está dirigido à causa de um aumento de *potentia* que Deus experimente *per se*. Seria, antes, possível dizer que o amor intelectual do homem é divino, pois nele o objeto amado não é exterior àquele que ama, exprimindo-se nele, portanto, em medida máxima a imanência de Deus. De acordo com a ontologia da substância, não há nada que seja exterior a Deus. À diferença de outras coisas do mundo, contudo, a mente humana salienta-se por poder reforçar isso por si mesma, a saber, quando conhece, a partir de si mesma, Deus como uma causa que não lhe é exterior. Que uma mente assim constituída deva ocupar um posto preferencial diante de todos os demais entes em que Deus também é graças à sua causalidade, de sorte que Deus ame unicamente a ele, ou seja, não ame os homens em geral, mas somente aqueles que o conhecem adequadamente, isso de modo algum segue-se da natureza de Deus, a não ser que ele já tenha sido concebido com vistas ao conhecimento adequado. Exatamente, isso se dá no sistema de Espinosa. E o amor de Deus pelo homem cognoscente só é a descrição antropomórfica do fato de que Deus quer bem ao homem, por mais que, com isso, só ganhem aqueles que não apenas são obedientes, mas que o amam por *conhecerem* a ele e, assim, simultaneamente a si mesmos.

Liberdade humana

A partir do amor intelectual a Deus, fica claro, observa Espinosa (V, 36s), em que consiste a nossa salvação, ou seja, a nossa beatitude (*beatitudo*), e isso significa (*sive*) a nossa liberdade: consiste precisamente nesse amor que é idêntico ao amor de Deus pelo homem. Essa é a única referência à liberdade humana na quinta parte da *Ética* que, pelo seu título, trata precisamente dessa liberdade. Na primeira parte, já fora definido o que liberdade é: "diz-se livre aquela coisa que existe só pela necessidade de sua natureza e que por si só é determinada a agir" (I, def. 7). Assim definida, a liberdade compete evidentemente a Deus. Caso deva também convir ao homem, então a primeira parte da definição não pode valer para ele, que não existe por si mesmo. Quando muito, vale para ele a segunda parte, sobre ser determinado por si mesmo a agir. Naquela definição, Espinosa também faz referência ao contrário da liberdade, que não é a necessidade, mas a coação à qual está submetida uma coisa que é determinada por um outro (*ab alio*) a existir e a agir. Um tal outro certamente não é Deus, do qual não parte coação alguma, mas uma coisa externa. É claro que Deus pode ser entendido como coisa exterior pelo homem, quando o compreende falsamente como uma instância que castiga ou recompensa. É uma convicção básica de Espinosa, no entanto, que nesse caso o homem limita-se a si mesmo por não esgotar a potência de seu intelecto. Mas no conhecimento adequado, ele pode conceber Deus como aquilo que ele é segundo a sua natureza, a saber, como uma causalidade operativa em cada coisa. Concebê-la significa conceber-se a partir de nada exterior e exprimir, nesse ato de conhecimento, a potência de Deus, que é absolutamente livre. Extamente nisso consiste a liberdade humana: no conhecer, patentear um agir que procede da própria mente humana. Diversamente do que fizera no tratado anterior, Espinosa determina o amor intelectual humano expressamente como uma *ação* da mente (V, 36d).

Essa liberdade não é liberdade da vontade, já pelo fato de que, para Espinosa, não há vontade no sentido de uma faculdade independente de suas manifestações, quanto às quais o indivíduo teria de decidir expressamente e teria, então, uma escolha entre alternativas. É unicamente liberdade de ação no sentido de um agir espontâneo – e é-o em uma radicalidade que vê a liberdade consumada não em poder realizar uma coisa particular desejada sem empecilhos externos, mas sim em fazer com que todo desejo subjetivo se torne uma ação que brota *da natureza deste mesmo sujeito*. Só então há, segundo Espinosa, uma ação em sentido rigoroso (cf. III, def. 2), e, como tal, ela é livre. Essa forma de liberdade de ação pode ser atribuída ao homem *na medida em que* ele se *compreende* de um modo determinado, a saber, compreende a própria natureza sob o aspecto de ser mente e o ser mente sob o aspecto de conhecer adequadamente. Mas as duas coisas não são *a natureza* do homem segundo a sua origem. O homem não é só mente, mas também corpo, e isso de modo ontologicamente co-originário (II, 13c). Ele conhece não só adequadamente, mas também inadequadamente, sendo que no desenvolvimento individual de sua biografia ele começa conhecendo inadequadamente (II, 29c). Por isso, o homem não é originariamente livre, mas pode vir a sê-lo. Assim, à experiência de liberdade do homem está ligada a consciência de sua própria capacidade, a qual é experimentada como uma libertação de constrangimentos externos; e, nisso, a liberdade humana é diversa da liberdade de Deus. Enquanto Deus nada mais é senão livre e, por isso, não pode a rigor determinar-se por si mesmo a agir, uma vez que a sua natureza nada mais *é* senão agir (I, 34), o homem está determinado por aquela oposição que Espinosa acolhe em sua definição de liberdade, a oposição entre liberdade e coação (I, def. 7). O homem pode livrar-se da coação ao se tornar, no conhecimento, um ente autodeterminado.

Em uma carta a Schuller, Espinosa explicou o que é, frente a isso, uma liberdade humana meramente fictícia (*ficta*). Remonta não à suposição de uma vontade que pudesse escolher entre coisas possíveis, mas a uma consciência de fato que, desconhecendo as causas externas que determinam o seu desejo a cada caso, imagina-o como algo que aquele que deseja quer (Ep. 58). Espinosa esclarece isso com o caso de crianças, bêbados e delirantes que, nesse particular, não se distinguem de uma pedra, a qual, se tivesse uma consciência do próprio movimento, acreditaria igualmente persistir no seu movimento por assim o querer. Por trás disso está a crítica geral de Espinosa a uma posição que atribui ao homem uma capacidade porque o considera separado dos determinantes que, na natureza como um todo, o determinam. Se o saber deficiente quanto ao fato de que se é determinado por causas externas conduz à aparência de liberdade humana, nem por isso a verdadeira liberdade humana reside no saber que se é determinado – um ser determinado que nem é cognoscível adequadamente em seus pormenores –, reside, sim, no conhecimento adequado do eterno e, portanto, do necessário que, independente de nosso conhecimento, já está na base de todos os estados de coisas. Nesse conhecimento somos livres não porque aceitamos conscientemente algo previamente dado como se fosse um destino inexorável (em parte alguma Espinosa disse algo semelhante), mas porque tal conhecimento foi realizado por nós e porque nele nos sabemos como causa de algo que se segue de nós mesmos. Nesse sentido, não só sabemos algo que desde sempre nos determina, mas também sabemos a nós mesmos, e isso de outro modo que antes. Ao conhecimento adequado está ligada uma *mudança* de nossa consciência, uma mudança do modo como nos entendemos. Com ela, produzimos algo que se segue de nós mesmos e que podemos portanto atribuir-nos.

A liberdade assim entendida é a liberdade de ação de um sujeito humano exposto a causas externas, pelas quais não pode, contudo, ser coagido. Caso isso não deva ser uma ilusão que ignora as causas externas, é preciso mostrar, eis a reflexão fundamental de Espinosa, que o homem pode formar seu *conatus*, que está referido a coisas externas, de maneira tal que não seja mais determinado por coisas externas. Para Espinosa, isso está realizado no conhecimento adequado. Nele, o homem concebe a sua própria natureza e, portanto, o seu *conatus* como um conhecimento adequado que não deseja outra coisa senão conhecer desse modo e, assim, fazer o que se segue de sua própria natureza. A esse conhecimento está vinculado um afeto – o do amor intelectual de Deus – pelo qual o homem pode de fato deixar-se guiar em sua vida devido ao fato de que ele é, também na perspectiva daquele que é atingido por ele, mais forte que todos os demais afetos. Caso deixe-se guiar por esse afeto, o homem liberta-se de desejar algo que, estando sob condições temporais, não se segue da própria natureza entendida como conhecimento adequado. Aí o homem alcançou então um estado de consciência no qual apagou todas as coações externas que pudessem motivá-lo, estado que Espinosa chama, por isso, com razão, de um estado de liberdade.

É o estado de uma verdadeira satisfação d'alma que o homem "usufrui" (V, 42s) sem ludibriar-se a si mesmo, pois experimenta-a na atividade de seu conhecimento. Essa satisfação está ligada a uma alegria (*gaudere*, V, 42), a alegria do homem com a própria atividade, que deve ser entendida segundo a definição geral de alegria como uma forma de autoelevação ou de autoaperfeiçoamento. Concebida através da teoria da eternidade e, aí, sem relação com as experiências da temporalidade, essa alegria não pode ser compreendida como uma elevação que resulta da *superação* de empecilhos sensíveis; pois referir-se a estes significa, precisamente ao fazê-lo, ser dependente deles. A proposição final da *Ética* (V, 42) dá-lhe a seguinte formulação: alegramo-nos com a nossa atividade não porque inibimos os nossos impulsos sensíveis, mas é porque nos alegramos com ela que podemos inibir aqueles impulsos, portanto, dominar afetos que nos fazem sofrer e no sofrimento nos tornam não livres. Reivindica-se aqui um poder para libertarmo-nos de nosso sofrimento que é incondicionado na medida em que, nutrido do conhecimento do eterno, não é relativo àquilo do qual se origina nosso sofrimento – sofrimento que se origina do fato de nos compreendermos a partir de interconexões temporais de afecções que não podem ser adequadamente concebidas.

O fato de o poder incondicional chegar a ter uma relação com a temporalidade e de vir a aparecer como um poder libertador é algo que jaz no sujeito desse poder, no homem, que faz a experiência do eterno sendo um ente finito e, portanto, existente no tempo. Por conhecer apenas sendo um tal ente, a contemplação de si mesmo, na qual o homem se experimenta como eterno a partir de sua causa, também é um simples *aspecto* (*sub specie aeternitatis*) sob o qual experimenta o próprio ser. Opõe-se-lhe um outro aspecto, sob o qual ele se experimenta em uma perspectiva temporal (*sub specie temporis*). Espinosa abrigou essa oposição na metáfora tradicional das partes da alma, dividindo a mente humana em uma parte eterna e em uma parte transitória (V, 40c). De um lado, ligou a isso a tese da insignificância da parte transitória, e o fez a partir da perspectiva da mente que se compreende a partir do eterno e que alcançou uma certeza intocada pela medida em que decursos temporais possam ser subsumidos a um conhecimento que permite uma orientação racional no mundo (V, 38s). Por outro lado, ao mesmo tempo, Espinosa salientou que o importante é aumentar a parte eterna em comparação com a outra parte, pois tal é o processo que faz o homem padecer menos (V, 38). No contexto do raciocínio de Espinosa, essa conexão do eterno com o temporal é inteiramente consequente na medida em que o eterno atribuído à mente está ligado ao fato de a mente existente temporalmente entender-se. Aí a mente está exposta a uma multiplicidade de eventos em vista dos quais entende-se em sua vida concreta, um entendimento de si contra o qual é preciso primeiro fazer valer aquele outro entendimento de si.

Por isso, ao unir Deus e a mente humana no *amor Dei intellectualis* (V, 36), a *Ética* ainda não chegou a termo. Isso não é visto por aqueles que pretendem ler Espinosa como um teórico da autossuperação do finito no infinito. Bem ao contrário, Espinosa continua com um "quanto mais" (V, 38) que aponta para um *processo*, com o qual ele chama a atenção do olhar para uma ampliação do conhecimento *sub specie aeternitatis* e assim também para o amor intelectual eterno (V, 38s). Diz-se aí que, quanto mais "coisas" a mente humana conhecer adequadamente, tanto maior torna-se a sua parte eterna, sendo que agora Espinosa faz referência a ambas as espécies de conhecimento, tanto à *scientia intuitiva* quanto à *ratio* (V, 38). Também isso é consequente, pois não é possível estabelecer como o homem poderia conceber, a partir da natureza de Deus, um singular que não é ele mesmo, portanto, como o conhecimento intuitivo poderia ser estendido a coisas que são diversas dele mesmo. O importante é que em sua ocorrência, à qual o homem está exposto também depois de ter mudado o entendimento que tem de si mesmo, as coisas exteriores sejam relacionadas ao homem de maneira tal que também nessa relação ele possa entender-se a partir daquilo como o qual ele experimentou-se no conhecimento intuitivo: ser um ente que conhece adequadamente. Para tanto, é de máxima serventia o conhecimento racional, que submete o decurso dos eventos a considerações universais. Para orientar-se no mundo, o homem pode apoiar-se nesse conhecimento, sem que ele fique externo ao seu próprio desejar, *depois* que o homem tenha alcançado um entendimento de si que não se apoia nessa forma de conhecimento. Até que ponto tem êxito uma tal ampliação não é explicado por Espinosa e também deve ficar em aberto, uma vez que, ocorrendo no tempo, ela não pode ser sabida *a priori*. O que pode ser afirmado *a priori* é simplesmente que ela pode proceder de um entendimento no qual o homem deu-se conta do poder incondicionado de seu intelecto, pois a isso está vinculada uma alegria que o faz não desejar outra coisa senão levar uma vida comprometida com o conhecimento adequado.

As reflexões de Espinosa ao final da *Ética*, no entanto, não só abrem a perspectiva de um *caminho aberto* a ser percorrido que, com base em uma segurança de si, não é sem um plano; contêm também uma retrospectiva do caminho que precisou ser percorrido para alcançar uma tal segurança de si. A indicação daquilo que deve ser feito "nesta vida" (V, 39s), que é, como ficou patente, aquilo unicamente no qual o homem pode experimentar a sua eternidade, visa à importância do corpo (V, 39) que cabe formar no curso da vida (V, 39s). Se não é por ele que o homem é capacitado a conhecer adequadamente, ele não será capaz de fazê-lo sem ele e de modo algum contra ele. Se o corpo for de má constituição, o homem estará em maior medida exposto a influências externas que, por ele consistir de mente e corpo, o atingem imediatamente e, assim, o impedem de assumir uma postura teórica, a qual lhe permite contemplar as coisas e a si mesmo *sub specie aeternitatis*.

O que Espinosa salienta com essa referência renovada ao corpo é a mudança constante à qual o homem está submetido em sua vida. Com isso, ele quer deixar claro que o caminho para aquele conhecimento no qual o homem se concebe, a partir da necessidade de Deus, como um modo eterno determinado por tal necessidade, é um caminho no tempo, o decurso do qual não está determinado por aquela necessidade eterna. Que o homem o trilhe é algo que não se segue de Deus por dele nada se seguir de temporal, mesmo que o homem também não pudesse segui-lo caso não fosse determinado por Deus. Trilhá-lo é algo que depende dele. Ao seu termo, ele se sabe livre, o que lhe possibilita continuar a percorrê-lo em liberdade. A caminho da certeza de si, como Espinosa mostrou, ele ainda não é livre; mas, na medida em que ele tem de percorrer um caminho, trata-se de um caminho inevitável e não de um desvio de um homem que simplesmente erra e que testou muita coisa que se revelou, por fim, vazia e vã. E, por isso, o caminho recebe, no fim, a sua justificativa, que é independente de o homem alcançar a sua meta ou não. Mesmo que não soubéssemos, diz Espinosa, que nossa mente é eterna, consideraríamos como o mais importante aquilo que nos prescreve tão bem uma razão que ainda continua exterior a nós (V, 41). Que o caminho não é justificado só a partir do seu termo está inteiramente de acordo com a crítica de Espinosa a toda teleologia, pois, como desdobramento do *conatus* humano, o caminho não pode ter um *telos* que lhe seja exterior. Que não é uma ilusão compreendê-lo, com o auxílio de nosso conhecimento, como uma progressiva libertação de contextos de vida intransparentes, é algo que, na verdade, só pode ser demonstrado no fim desse caminho. Aí, poder-se-á mostrar sob que condição o homem é livre conhecendo: sob uma eternidade independente de toda temporalidade, eternidade sob a qual concebe a si mesmo e a partir da qual ele também pode entender a si mesmo.

Do caminho descrito, Espinosa diz que ele é extremamente difícil de ser trilhado (V, 42s), razão pela qual não é de admirar que seja raramente trilhado. Está vinculado a uma medida de intelectualidade que não é própria da maioria dos homens, e que rigorosamente só compete ao filósofo (espinosiano). E também aquilo que, independente da teoria da eternidade da mente humana, é apresentado como sendo o mais importante na vida humana, está comprometido com a razão. Orientar-se por ela é algo que não será evidente para a maioria dos homens. Espinosa o sabia muito bem, pois salienta que a convicção costumeira do povo parece ser outra (V, 41s). A maioria dos homens acredita ser livre quando ninguém os impede de poder seguir as suas inclinações sensíveis (*ibid.*). E certamente acreditam nisso porque eles mesmos não *assumiram* a razão nem a conceberam como *pertencente ao seu próprio ser*, uma razão que comanda objetivamente de outro modo e não qualquer coisa, mas sim exatamente aquilo que também serve à autoconservação à qual também eles visam. Contra o entendimento que têm de si, e isso o iluminista Espinosa sabia, a razão pura é sem força. Parece, portanto, que a razão, em sua força para conformar a vida, só poderá ter um círculo extremamente pequeno de destinatários, o que não promete um grande sucesso para um programa de esclarecimento que pretende desmontar preconceitos. O saber que liberta está sob condições tão difíceis que a maioria não poderá dar-se conta de que ele liberta.

4
RELIGIÃO E POLÍTICA

A *Ética* não poderia ter alcançado uma grande repercussão. O esforço de argumentação dispendido nela para a vida exitosa do sábio é alto demais, estando a serviço de uma vida que só pode ser levada por quem estiver à altura desse esforço de argumentação. "E bem árduo deve ser aquilo que se encontra mui raramente [...] Mas todas as coisas preclaras são tão difíceis quanto raras". Com tais frases termina a *Ética* (V, 42s). A grande exigência da filosofia de Espinosa é a de ligar radicalmente a ética a um saber teórico que se consuma em um conhecimento que está de fato vedado à maioria dos homens. Eles nem perceberão a relevância prática da filosofia de Espinosa. Em sua grande exigência, além disso, essa filosofia parece contradizer o fato de que a vida exitosa não pode ser o negócio só de alguns poucos. Repercussão imediata teve, em contrapartida, o *Tratado teológico-político*. Essa obra provocou reações polêmicas violentas porque, nela, Espinosa ataca autoridades políticas e teológicas que reivindicam saber em que consiste a vida humana exitosa. Esse ataque está condicionado pelo tempo em que foi feito, e as reações a ele também. De interesse particular nessa obra é um ponto: religião e política, sendo instâncias que visam a todos os homens e que, precisamente por isso, não se apoiam no seu uso da razão, Espinosa tentou integrá-las em sua filosofia de maneira tal que a forma de práxis oferecida pela religião e pela política fosse coadunável com a concepção filosófica da razão. É sob esse aspecto que cabe agora expor, em suas linhas mestras, a teoria espinosiana da religião e da política.

RELIGIÃO

Ao final da parte dedicada à religião no *Tratado teológico-político*, Espinosa escreve o seguinte: "Já que [...] não são senão pouquíssimos, se se os comparar com todo o gênero humano, os que adquirem o hábito da virtude a partir da guia só da razão, então, se não tivéssemos o testemunho das Escrituras, duvidaríamos quase sempre da salvação de todos" (TTP XV). A religião é o que, ao que parece, ajuda a muitos, a todos que não podem acompanhar o caminho da *Ética*, a encontrar a sua salvação. No início, irrita um pouco que Espinosa afirme algo desse tipo, pois, para ele, a "salvação" humana no sentido de uma vida exitosa está vinculada a uma forma de atividade que procede do próprio homem, consumando-se no conhecimento adequado. A vida religiosa, porém, está caracterizada pelo exato contrário disso. Ela não é determinada pelo saber, mas pela fé, a qual Espinosa define como obediência e, portanto, como uma forma de ser determinado de fora (TTP XIV). Por mandado, diz Espinosa no tratado, todos talvez possam obedecer, mas por mandado ninguém pode ser sábio, "tampouco quanto alguém pode ser ou viver por mandado" (TTP XIII). Já que a *Ética* se serve exatamente deste vocabulário para descrever a vida exitosa, a saber, que a virtude, que é a salvação, consiste em visar a "ser e a viver", o que para Espinosa significa "a agir" (E IV, 21), então, em conformidade com isso, a obediência com fé e a piedade da vida religiosa, ligada à primeira, não podem manifestamente conduzir à salvação.

Por isso, o objetivo colimado por Espinosa no tratado também é um outro. Ele quer mostrar que a religião e, consequentemente, também a teologia que a interpreta, são totalmente diferentes da filosofia. Com isso, ele não quer apenas criar um espaço para que a filosofia possa desenvolver-se livremente sem ser tocada pela teologia, que de resto era, então, um poder público influente. Também quer que ao crente seja deixada, sem prejuízo da obediência, uma alta medida de liberdade para organizar amplamente, segundo o próprio parecer e, portanto, livremente a partir de si mesmo, a sua vida comprometida com a piedade. Esse duplo aspecto é bem exemplificado pela epígrafe do tratado, em cujos capítulos seria mostrado que "a liberdade de filosofar pode ser concedida [...] sem prejuízo da piedade, mas que não se pode tirá-la [...] senão junto com a piedade". Se, em consequência disso, a liberdade do filosofar não só é sem perigo para a religião, mas também que a concessão de tal liberdade é até a condição da religião, a religião, esse negócio que concerne a todos, é compreendida de tal modo que ela vem, então, ao encontro do filosofar. Aí, o ponto de Espinosa é que ela só o faz quando está estritamente *separada* da filosofia e *nesta* separação faz referência à filosofia. À diferença da filosofia, afirma Espinosa, a religião é acessível a qualquer um, pois o seu conteúdo é bastante simples e não reclama ser verdadeiro; para compreender o seu princípio, Deus, não é preciso qualquer ciência nem, portanto, qualquer autoridade das quais o indivíduo dependeria. Essa acepção de religião livra o indivíduo da tutela dos teólogos e cria para cada qual as condições para que possa desenvolver-se livremente em sua vida determinada pela fé, o que seria, ao mesmo tempo, o pressuposto para que o crente possa encetar o caminho do filosofar.

Para a teologia da época, isso teve que soar como uma provocação, e como tal ela também foi rapidamente entendida. Seu objeto, Deus, tornou-se uma coisa sobre a qual os teólogos não têm nada de inteligente a dizer. Segundo Espinosa, o que dizem acerca dele são quimeras que eles, é bem verdade, sabem empregar taticamente para obter poder sobre os fiéis: procuram mantê-los em um estado de minoridade ao afirmarem que, para entender a palavra de Deus, é necessária uma autoridade que compete exclusivamente a eles. Não teriam conseguido alcançar um poder de fato se os homens, assoberbados de preconceitos, não tivessem a sua alegria com as quimeras. Imaginam Deus como algo extraordinário que não se manifesta na regularidade da natureza, mas em intervenções das quais acham que, quão mais fantásticas forem, tanto mais dão testemunho da sublimidade de Deus. Assim, o jogo ficava fácil para os teólogos. Espinosa não era da opinião de que poderia ganhá-lo contra eles esclarecendo o povo com a ajuda de seu tratado. Espinosa não o escreveu, como ele mesmo diz expressamente, para ganhar tal jogo (TTP, praef.). Escreveu-o para aqueles que, já interessados em filosofia, acham, não obstante, que o filosofar é limitado pela fé e que cabe à razão servir à teologia. Escreveu-o também, e talvez principalmente, para aqueles que têm uma responsabilidade política, exortando-os a empregar o seu próprio poder no sentido de que a Igreja não continue sendo um poder público.

A recusa das reivindicações da teologia está à serviço da demonstração de que um campo importante que determina a vida humana, a religião, não se opõe em princípio à filosofia. Essa demonstração Espinosa fornece-a mediante uma análise crítica do principal objeto da teologia, a saber, as Sagradas Escrituras. A sua tese de base é a de que a religião revelada, fixada por escrito na Bíblia, tem um significado exclusivamente funcional em vista dos diferentes destinatários, a cuja capacidade limitada de entendimento está adaptada. Com relação a isso, os predicados atribuídos a Deus não são enunciados sobre a sua constituição, mas sim meios apropriados para atingir a capacidade de representação do povo simples e para dar ênfase à obediência requerida. O título do capítulo XIII o resume: "mostra-se que a Escritura não intende ensinar senão coisas simplíssimas e nada além da obediência; nem ensinar outra coisa sobre a natureza divina que não aquilo que os homens possam imitar em certo modo de viver". As coisas bem simples que a religião ensina são regras morais da vida. Os profetas como mediadores da revelação de Deus (TTP II), mas também os apóstolos (TTP XI), são homens de qualidades morais conspícuas que têm o seu sentido voltado para o justo e para o bom. A sua arte de mediação consiste em envolverem-se habilmente com a capacidade de representação dos homens e, fazendo-o, em levá-los a imitar o modo de vida que lhes é apresentado.

Nessa medida, a obediência consiste em uma prática da moralidade, em particular do amor ao próximo, que extingue o ódio e a disputa entre os homens (TTP XIV). E a fé manifesta-se unicamente nas obras de uma moralidade praticada. Não é, portanto, preciso ter dogmas verdadeiros, mas apenas dogmas pios, que devem ser de um tipo que faça prevalecer a obediência no homem. Fé e obediência são requeridos unicamente porque os homens não conseguem por si mesmos controlar os seus desejos com o intuito de coibirem o ódio e as desavenças dele decorrentes e de levarem uma vida comprometida com o amor e com a justiça.

Sob esse aspecto, a doutrina das Sagradas Escrituras conforma-se a um mandamento da razão. Com efeito, ela compromete o fiel com uma vida que também o indivíduo racional leva, mesmo este a levando por inteligência própria e o fiel, ao contrário, com base em um mandamento que o obriga de fora. O conteúdo dogmático da religião opõe, caso não se considere a sua forma de apresentação, uma barreira intransponível à arbitrariedade das suposições subjetivas nas questões de fé, e ater-se a este conteúdo constitui a fé dos fiéis. Assim, esse conteúdo é em princípio acessível à racionalidade. O mínimo em dogmas que é obrigatório para o fiel foi resumido por Espinosa em sete artigos de fé (TTP XIV). Seis deles são compatíveis com o Deus da *Ética*: Deus existe, Deus é único, Deus é onipresente, Deus não é coagido por nada, o comportamento adequado a ele é o amor e nele consiste a salvação do homem. Do sétimo artigo, o de que Deus perdoa os pecados a quem se arrepende deles, é mais difícil depreender um cerne racionalista. Talvez tenha a sua analogia naquela tese da doutrina da *Ética* de que o homem não deve duvidar da racionalidade mesmo diante do fato de que uma grande quantidade de interconexões do mundo, às quais está exposto, não podem ser conhecidas adequadamente. Se, por um lado, a Bíblia assim compreendida tem um conteúdo racional, por outro, a sua forma de apresentação, dirigida ao fiel, nada tem a ver com a razão, pois essa forma resulta unicamente da falta de racionalidade daqueles aos quais se trata de transmitir esse conteúdo.

No capítulo VII, Espinosa expôs um esboço de sua exegese bíblica, tornando-se assim um importante precursor da hermenêutica crítica. Guiado pelo propósito de "examinar de novo a Escritura com um ânimo livre e íntegro, e de nada afirmar sobre ela, bem como nada admitir de sua doutrina que eu não depreenda clarissimamente dela" (TTP, praef.), ele pretende dar uma interpretação imanente à Bíblia em que tudo aquilo que pode ser dito sobre a Bíblia de maneira clara, isto é, acertadamente, tem que ser obtido dela mesma: "todo conhecimento da Escritura deve ser obtido só dela" (TTP VII). Sendo uma obra de autoria humana, deve ser interpretada como qualquer outro livro, cabendo levar em consideração tanto as peculiaridades da língua quanto as circunstâncias nas quais e os destinatários para os quais foram escritos os seus livros. Mesmo que aqui subsistam déficits de saber que estabelecem limites a uma interpretação clara é, não obstante, possível investigar, a partir da história, o *sentido* geral que os autores têm em mira com os seus escritos. Por essa história, passamos a saber da vida, dos costumes e dos interesses dos seus autores, bem como da ocasião, da época e do povo para os quais escreveram. Por isso, as Escrituras devem ser interpretadas segundo o mesmo método pelo qual explicamos eventos naturais, a saber, por um método genético que explica estados de coisas a partir das causas que os produzem e que se recusa a projetar neles um sentido resultante das representações do intérprete. Assim, uma grande quantidade de enunciados da Bíblia, que sob um aspecto racional parecem incoerências, pode ser levada a ter uma coerência interna, com o que, assim acha Espinosa, se fará em máxima medida jus ao seu conteúdo.

Mas não é possível deixar de reparar que a hermenêutica bíblica de Espinosa, ao pretender fazer justiça à própria obra, vai além da imanência da obra na medida em que a interpretação imanente da Bíblia apoia-se na interpretação transcendente, isto é, filosófica, da Bíblia, segundo a qual a religião revelada não reivindica verdade alguma. Ao comprometer a teologia com uma religião entendida dessa maneira, Espinosa pode assignar à filosofia e à religião um reino que seja próprio de cada uma – de um lado, "o reino da verdade e da sabedoria" e, de outro, "o reino da piedade e da obediência" (TTP XV). Não só a filosofia não é serva da teologia, mas também a teologia não está a serviço da filosofia no sentido de que o significado dos enunciados de seu livro tenham de ser acomodados à razão. Ambas as posições que colocam uma delas a serviço da outra são, assim constata Espinosa, adotadas por "loucos, a saber, uns sem a razão, outros com a razão" (TTP XV). Uns falseiam evidentemente o que a razão é; outros, em contrapartida, falseiam as Escrituras quando lhes supõem um conteúdo filosófico dirigido aos seus destinatários. Também a segunda concepção, que Espinosa vê representada essencialmente pelo filósofo judeu Maimônides (1135-1204), é perigosa, pois ela atribui razão a uma autoridade que a teologia tem e precisa ter para os fiéis.

É perigosa porque a razão é condição da filosofia, mas a filosofia é incompatível com autoridade. A filosofia não administra uma doutrina de conteúdo dogmático, é uma questão da atividade própria de cada indivíduo. Ela só pode desenvolver-se nos indivíduos, mesmo naqueles que erram e que se enredam em preconceitos, quando as autoridades são despojadas de qualquer reivindicação de verdade e quando os dogmas religiosos deixam a cada um o espaço para organizar também a sua vida comprometida com a religião segundo a sua própria estimativa e, com isso, potencialmente em virtude da própria razão. Portanto, as esferas separadas da religião e da filosofia encontram-se no homem que se entende a si mesmo, e é com relação a isso que Espinosa, a despeito da tese de sua separação, toma a teologia a serviço da filosofia. Por um lado, é bem verdade, o elemento específico da teologia não é acessível à razão, a qual não consegue explicar fenômenos como a revelação ou a profecia e precisa, pois, aceitá-los como fatos. Por outro lado, ela reivindica compreender, acerca da religião, o suficiente para poder determinar o seu conteúdo essencial, a saber, que a religião é um meio auxiliar que pode ter sucesso na dominação das paixões inimigas da razão. Com essa reivindicação, a filosofia parte da hipótese de que a religião tem o objetivo de atuar em um sentido que permita o livre desenvolvimento do filosofar.

Essa interpretação, guiada por um conceito determinado de filosofia, é obviamente uma construção que considera a religião de fora, não se envolvendo suficientemente com o modo como se entendem aqueles que são religiosos. Mesmo que o entendimento de religião dos teólogos possa ser interpretado, contra o modo pelo qual se entendem, como algo que não serve à religião, mas sim aos seus próprios interesses de poder, uma teoria da funcionalidade da religião não pode passar por cima do *entendimento* que têm *de si* os fiéis que praticam de fato a religião. Mas Espinosa faz isso quando supõe que eles aceitam a separação que ele propôs e que eles, por conseguinte, esperam da religião exatamente aquilo que ele lhe concedeu no âmbito de tal separação. Ao determinar a religião como simples por amor à sua validade universal para todos os homens, Espinosa exclui do núcleo da religião não só todas as formas de seitas, mas também todos os conteúdos que são relativos a particularidades históricas e a particularidades do mundo da vida. Conceder-lhes importância leva àquilo que a religião tem precisamente que evitar aos olhos de Espinosa: pregar que os homens se confrontem não em amor, mas em ódio.

Mas exatamente aqueles homens limitados, para os quais a religião deve ser compreensível com base na simplicidade de sua doutrina, são guiados por um entendimento de si que é condicionado pelo mundo de sua vida. A doutrina dos afetos da *Ética* deixou isso claro. Ao mesmo tempo, deixou claro que uma doutrina apoiada em proposições universais não tem força contra o entendimento que os indivíduos têm de si. Se a religião quiser ter uma força nesse sentido, Espinosa tem de supor que os fiéis esperam dela a simplicidade descrita, mas não coisas que ultrapassam a sua capacidade limitada de entender, tal como o são, por exemplo, as histórias milagrosas. Se a doutrina dos milagres for entendida como um simples acessório exterior à religião, que vai ao encontro da irracionalidade dos fiéis, então, um tal entendimento, em verdade, pôs de lado essa irracionalidade, para a qual faz parte da grandeza da religião precisamente aquilo que não pode ser entendido racionalmente. Espinosa supôs nos fiéis uma razão latente em vista de *cujo* desdobramento a religião só pode ter um significado provisório. Pelo filósofo, ela só é aceita como uma instância que não se interpõe à difusão da razão e que talvez até a promova. Mas ela terá uma força nesse sentido somente quando se supuser que o fiel já está convencido da importância da razão; e disso ele não está convencido no chão da religião, chão no qual ele se sente em casa precisamente porque não está convencido dessa importância.

POLÍTICA

Na política, repete-se a problemática da religião. Também para ela vale o resumo dado pela epígrafe do *Tratado teológico-político*: "a liberdade de filosofar pode ser concedida [...] sem prejuízo da paz da república, mas não se pode tirá-la [...] senão junto com a paz da república". Em consequência disso, aquela liberdade, analogamente à religião, não só deixa intocado o Estado em sua tarefa essencial (a de assegurar a paz interna), mas é também entendida como condição para o seu êxito. É claro que a problemática apresenta-se de outra maneira que no caso da religião na medida em que, para Espinosa, o Estado, cujos órgãos têm a autorização de coagir os seus súditos, não é uma autoridade que tenha uma existência *independente* dos seus cidadãos. Certo, não diversamente da religião o Estado tem uma função ligada à coação, a saber, a de eliminar, mediante leis, o comportamento recíproco dos homens que, condicionado afetivamente, é contrário à sua autoconservação. Essas leis exigem uma obediência absoluta, e aos indivíduos irracionais elas têm de parecer uma coação externa que ainda é potenciada pela ameaça de sanções. Mas quanto a isso, o Estado só será eficiente se também tiver a força de fazer vigorar as leis que promulgou, força que ele só terá se dispuser de um poder suficiente. E isso só é o caso, esta a tese de base de Espinosa, se o Estado não for nada senão o poder comum dos indivíduos, não podendo ser, nesse caso, uma instância exterior aos indivíduos e destacada deles.

Daí resulta o problema de quais são as condições sob as quais o Estado é um poder tal que corporifique o que é comum aos indivíduos. Sendo uma formação produzida por homens que dependem uns dos outros, o Estado surge, assim o pensa Espinosa contra Hobbes, já naturalmente dos desejos dos homens quando estes se adaptam e se arranjam entre si. Mas isso leva a uniões que não se manterão, pois falta-lhes uma estabilidade interna devido à diversidade dos desejos individuais e ao modo diverso como cada indivíduo é equipado de poder. A eficiência de uma república, como instância asseguradora de paz, só está assegurada quando resulta de um desejo que de fato é comum aos indivíduos.

Segundo o *Tratado teológico-político*, Espinosa pensa que esse elemento comum está manifestamente na liberdade de filosofar, no exercício da própria razão, portanto. Assim como a religião, reduzida minimamente em dogmas, é em grande medida privada de conteúdo a fim de abrir, para a piedade, um espaço de jogo que lhe permita decidir-se livremente quanto aos meios que devem ser adotados para ter uma vida moralmente boa, também o Estado não é entendido, em sua legislação, como uma instância promotora do bem. Devido ao fato de não poder haver, quanto a isso, um acordo entre os indivíduos, o Estado é entendido como uma instância que impede que seja limitada violentamente a atividade com a qual os indivíduos exercem a sua própria liberdade. Essa concepção de Estado apoia-se na determinação fundamental de todo ente de ser despojado de conteúdo. Todo ente é uma potência (*potentia*) ativa que se desenvolve, potência que, de acordo com a *Ética*, sedimenta-se no homem precipuamente em uma liberdade do filosofar que, em sentido bastante amplo, é entendida como um julgar autonomamente. Por ser algo comum aos indivíduos, o Estado deve tê-la como um objetivo que é de seu próprio interesse por garantir-lhe a estabilidade. Dessa forma, trata-se de um objetivo imanente. "Dos fundamentos da república acima explicados, segue-se com a máxima evidência que o seu fim último [...] não é transformar os homens de racionais em animais ou autômatos, mas, ao contrário, que a mente e o corpo deles exerça em tudo as suas funções e que eles usem da livre razão [...]. Portanto, o fim da república é verdadeiramente a liberdade" (TTP XX).

Só que aqui patenteia-se o mesmo dilema que ocorrera quando da elucidação do fim da religião. A teoria do Estado é uma construção que não se envolve o suficiente com o entendimento que têm de si aqueles para os quais o Estado entendido funcionalmente possui um significado. Partindo da teoria daquilo que se deve entender por potência (*potentia*) humana, Espinosa chega à liberdade de uma autoatividade mental como um momento que é comum às diversas manifestações da potência dos indivíduos. É com relação a esse momento que ele procura demonstrar a constituição estável de uma república. A título de prova de que um Estado garantidor da liberdade individual também é estável por, dessa forma, corporificar o poder comum dos cidadãos, Espinosa na verdade não dá mais que a referência empírica a uma situação momentânea, tal como é a da cidade liberal e bastante progressista de Amsterdam (TTP XX). Não cuidou Espinosa que o resultado teórico de sua ontologia não é propriamente aquilo que corresponde ao entendimento que indivíduos humanos têm de si. Guiados pelos seus desejos e de acordo com as representações ligadas a eles, possivelmente esperam do Estado algo totalmente diferente – o que em breve mostrou-se em uma revolta do povo contra o governo liberal de Amsterdam. Mas Espinosa partiu antes da hipótese de que os indivíduos descritos em sua teoria orientam-se pelo conteúdo precisamente dessa teoria, com o que afinal supôs neles aquela razão que lhe era própria como teórico.

Em um escrito posterior de teoria política, o inacabado *Tratado político*, Espinosa revisou tal posição. As causas e as bases naturais do Estado não poderiam ser depreendidas de proposições da razão; teriam que ser deduzidas da natureza comum aos homens (TP I, 7). Característica dela é a afetividade, sendo válido unicamente a respeito dela, à diferença da razão, abranger de fato todos os homens. Somente o vínculo do Estado com a afetividade humana tira-lhe qualquer apecto de só conter preceitos e, simultaneamente com isso, o caráter de ser uma instância que coage os homens de fora e à qual eles teriam de se submeter. Com essa concepção de política, Espinosa distancia-se claramente de Hobbes. Ainda no *Tratado teológico-político*, Espinosa dissera, à maneira hobbesiana, que um pacto orientado por um preceito da razão deveria ser firmado contra o desejo natural dos homens, o qual os faz divergir entre si e os coloca em um estado de guerra latente, uns contra os outros, e só assim poder-se-ia falar de um poder comum que protege o indivíduo e o ajuda a encontrar o que lhe é de direito (TTP XVI).

No *Tratado político*, Espinosa já está persuadido da inoperância de um pacto apoiado na razão. Por voltar-se contra os reais desejos dos homens, tal pacto não poderia ter força para determinar esses desejos. Espinosa rejeitou a concepção contratual em particular porque nela, sobretudo na versão de Hobbes, está implicado que os indivíduos abrem mão de algo que lhes compete a fim de transferi-lo a outrem, à instituição do Estado, o qual eles favorecem contra si mesmos, com o que o contrato torna-se um contrato de sujeição. Espinosa não rejeitou essa concepção por razões morais, mas porque está em contradição com a ontologia da individualidade. Instado a dizer "qual é a diferença entre a concepção política de Hobbes e a minha", Espinosa respondeu "que mantenho sempre o direito natural" (Ep. 50). Esse direito, que tem seu lugar no chamado estado de natureza, tem de ficar intocado, pois os homens de modo algum *podem* abrir mão de algo que lhes é constitutivo a fim de transferi-lo a outrem. Por isso, o estado político não pode ser pensado como um estado que substitui o estado de natureza, mas apenas como um estado no qual *entra* um momento essencial que caracteriza o estado de natureza, de sorte que o Estado fica vinculado a este último.

A tese básica de Espinosa é que esse direito natural do indivíduo, direito que cabe conservar, não é outra coisa senão a potência (*potentia*) do indivíduo. Já no primeiro tratado, mas mais fortemente no segundo, Espinosa vincula a teoria do direito expressamente à sua ontologia (TTP XVI, TP II, 2-4). Nessa perspectiva, a equiparação de direito e poder, que soa tão brutal e que Espinosa acentua sempre amiúde, nada tem a ver com violência; ao contrário, relaciona-se com o reconhecimento de algo que não pode ser tirado de um indivíduo por nenhuma regulação jurídica positiva de sua ação: a potência própria de cada um que se manifesta em cada homem na forma de ele ser ativo por si mesmo. Faz parte dessa potência de modo totalmente essencial o entender-se, que faz com que o homem vise a levar uma vida segundo o seu próprio engenho (*ex suo ingenio vivere*, TP II, 9), vida em cujo êxito ele é senhor de si mesmo (*sui juris, ibid.*).

Por isso, Espinosa pode, por um lado, falar de um direito natural como sendo um direito que precede logicamente e é independente de toda a legislação positiva proveniente do Estado. A partir desse direito natural, ele pode, por outro lado, ao mesmo tempo demonstrar a necessidade de uma legislação *positiva*. Se o poder do indivíduo só está em suas manifestações, nas quais colide com as manifestações de outros poderes, um indivíduo que depende unicamente de si mesmo não consegue, então, impor-se nesse contexto, mas está exposto ao perigo de sucumbir à violência empregada por outros. Então, sem uma regulação jurídica por parte do Estado, o homem de modo algum pode usufruir do direito natural que lhe compete, de sorte que um simples direito natural é de fato sem significado (TP II, 15). Ao acolher ambos os aspectos, Espinosa faz com que a legislação positiva do Estado, em sua função objetiva de assegurar a cada um o direito de desenvolver-se livre de violência externa, seja vinculada à determinação, fundamental em termos de direito natural, de que cada indivíduo é potência. Exatamente essa relação está assegurada aos olhos de Espinosa quando o poder do Estado, por força do qual estão unicamente em vigor as suas leis de direito, nada mais é senão o poder em comum dos indivíduos.

Isso conduz, de um lado, à teoria de um Estado forte com ressonâncias da teoria hobbesiana da soberania. Sobrepujando o indivíduo em poder, uma comunidade política faz do indivíduo alguém sem poder e, com isso, sem direitos, submetendo-o não ao seu próprio direito, mas sim ao direito da comunidade. Esta última estabelece em detalhe aquilo ao qual um indivíduo tem em geral direito (TP II, 16), e as suas disposições devem ser cumpridas incondicionalmente por qualquer um (TP III, 5) sem lhe ser facultado submetê-las ao seu próprio juízo, seja ele cego ou racional (TP III, 4). De outro lado, essa subordinação está sob uma condição que a faz não ser uma subordinação, a saber, a condição de que "a vontade da república deve ser entendida como a vontade de todos" (TP III, 5) e que, por isso, aquilo que for decidido por essa vontade deve ser tomado como se decidido por cada indivíduo. Aí, todas as decisões obrigatórias estão sob a condição de que o Estado é de fato o poder em comum de todos os indivíduos e, desse modo, expressão daquilo ao qual cada um visa por força de sua potência, a saber, empenhar-se por aquilo que lhe é útil. Pressuposta essa condição, cada um não só pode assentir às decisões do Estado, como desde sempre já assente a elas.

Mas essa suposição, que não só mitiga, mas suprime a coação, não passa de uma ficção indemonstrável. Sempre que Espinosa fala do poder comum da república no sentido de uma unidade de muitos indivíduos, serve-se da expressão artificial de uma *multitudo*, com a qual designa uma multidão *unitária*. Ele a introduz primeiro onde supõe que os homens já têm leis jurídicas em comum (TP II, 17). Ao mesmo tempo, nesse caso, ele vincula esse ter a um traço que doravante caracterizará a *multitudo*, o de que todos são conduzidos por uma mente (*una veluti mente ducuntur*, TP II, 16). Com a ficção de um como se, Espinosa supõe na multidão uma unidade que ele não pode deduzir e cuja dedução é impedida pelo próprio ponto de partida. Acerca dos afetos humanos, que supostamente são comuns a todos os homens, a *Ética* mostrara precisamente que não representam algo comum aos homens no sentido de algo que os obrigue. Afetos, que são paixões (*passiones*), separam; unicamente a razão, que é ação (*actio*), une (E IV, 32-35).

Tem-se a impressão de que Espinosa está tentando explicar a unificação dos diversos poderes em um poder comum segundo o modelo dos corpos emprestado da física, qual seja, o de que corpos se tornam crescentemente complexos pelo arranjo e pela integração de corpos parciais. Isso seria uma conjunção de forças que, em um aumento puramente quantitativo, leva a um a mais em poder conforme o número de homens que se unem (TP II, 13). Isso também seria uma transferência de poder que não precisaria de um ato particular, mas que sempre acontece no arranjo natural das manifestações humanas de poder. Em verdade, porém, tal modelo não é transponível à vida afetiva do homem, a qual é caracterizada por um entender-se no qual um indivíduo procura fazer-se valer, por mais que não seja clara a consciência que ele tenha de si. Por isso, ele jamais poderá transferir o seu poder a um outro indivíduo de maneira a abrir mão de si mesmo e a tornar-se parte de um todo; antes opor-se-á a um poderio que o ameaça, por maior que seja, se o encarar como exterior. Por isso, diversamente da natureza como um todo, submetida a leis meramente físicas, o Estado não pode subsistir *contra* a opinião e o juízo dos indivíduos que ele contém em latência. Isso Espinosa sabia no *Tratado teológico-político*.

Também o sabe no *Tratado político*, só que agora entende a afetividade do homem a partir da base ampliada de sua vida afetiva, defendendo a tese de que os afetos são o que deve ser considerado suficientemente para que se possa organizar o negócio da política. Ambição e desejo de glória, inveja, medo e esperança são os afetos que, quando da distribuição de cargos políticos, cabe espicaçar e ao mesmo tempo compensar entre si. Esta compensação tem de ocorrer incorporando um número, na medida do possível, grande de indivíduos à rede do processo político de de tomada de decisões. O entrelaçamento recíproco dos empenhos individuais possibilita o seu controle recíproco e leva a um equilíbrio das forças individuais em ação. Em uma rede de grêmios de aconselhamento, de decisão e de execução, um grêmio deve ser amarrado ao outro, ao que deve corresponder um controle recíproco dos diferentes representantes de grupos no interior de um grêmio. Desse modo, todo indivíduo politicamente ativo deve ser controlado por outros indivíduos através de mecanismos de um processo decisório que tanto dê espaço à atividade individual (manter um cargo em aberto mediante a sua ocupação por tempo limitado), quanto vincule a sua atividade a decisões coletivas (impedir abusos do cargo e tornar as decisões independentes da integridade pessoal dos indivíduos). Ao elucidar as formas de governo da monarquia e da aristocracia (TP VI-X), Espinosa o expôs detalhada e circunstanciadamente.

De importância considerável é a formação de atividades econômicas pelas quais os economicamente ativos são levados a decisões políticas que servem ao bem-estar e que, então, assim achava Espinosa, favorecem a paz. Os negócios econômicos, cuja prosperidade é significativa sobretudo para o poder de um Estado ante *outros* Estados, têm também a participação de imigrantes excluídos do processo político de tomada de decisões, de sorte que a economia, juntamente com a dinâmica que ela traz consigo, é vista como uma segunda esfera dentro do Estado, esfera que mais tarde foi chamada de sociedade civil.

Continua importante um aspecto já realçado no *Tratado teológico--político*: o Estado tem que se ocupar da formação *da mente* dos seus súditos. A paz que o Estado deve assegurar não pode ser determinada negativamente como ausência de guerra, tal como Hobbes o propusera, mas sim unicamente a partir da atividade que resulta da força de caráter (TP V, 4), atividade que é principalmente uma atividade da mente e cujo desenvolvimento, Espinosa não deixa dúvidas quanto a isso, constitui a vida humana verdadeira (TP V, 5). Criticando a prática de manter em segredo as decisões, Espinosa salienta que as decisões políticas precisam de uma discussão que deve ser conduzida com franqueza nos grêmios, mas que em última instância deve ser pública, pois nenhum indivíduo deve ser privado de um juízo próprio que, na falta de informação, só pode ser levado em uma direção falsa, representando, então, um perigo para o Estado. "Portanto, querer tratar de todos os negócios com desconhecimento dos cidadãos e pedir ao mesmo tempo que estes não emitam sobre eles falsos juízos [...] é pura loucura" (TP VII, 27).

Mas Espinosa ficara cético quanto à capacidade de julgamento dos homens. O povo "habitualmente" interpreta de modo falso o que é apresentado em público, eis o que ele já escreve no prefácio de seu *Tratado teológico-político*. A recusa do chamado para ocupar o cargo público de professor ele fundamentara, entre outras coisas, dizendo que um espírito de contradição fundado na afetividade "costuma condenar e inverter tudo, também aquilo que foi dito corretamente" (Ep. 48). E sua *Ética*, que certamente não foi destinada ao povo, mas sim aos homens cultos, ele não permitiu que fosse publicada, pois teve a experiência de que também os cultos estão dispostos a abandonar a liberdade de juízo em favor de um "rumor" (Ep. 68). Por isso, na sua teoria política tardia, Espinosa empurra para segundo plano o ponto de vista da liberdade do juízo, declarando-o simples virtude privada (TP I, 7) sem importância para a política, a qual deve tratar unicamente da segurança do Estado. Independente das imponderabilidades da decisão correta dos indivíduos, uma tal política tem de estar fundada em uma constituição do Estado cuja estrutura integre cada indivíduo de modo a que seja, como membro dessa estrutura, *forçado* à decisão correta.

Subsiste, é claro, o problema de como isso é possível. Pois, diversamente da estrutura do mundo como um todo, que como modo infinito precede logicamente todos os modos finitos, a estrutura da organização de um Estado não é algo que precede as atividades dos modos finitos. Só pode ser a consequência deles, sendo que não se pode ver, não obstante, como seria possível deduzi-la deles. Se não é possível tornar compreensível a gênese do Estado em sua unidade a partir do desejo afetivo dos indivíduos em sua diversidade, só resta o caminho que Espinosa de fato toma, o de partir de um Estado já existente e de investigar sob que condições ele pode ser um poder comum. Para tanto, assim mostra Espinosa, o Estado deve levar em consideração os súditos em seus desejos naturais e torná-los, na medida do possível, cidadãos que não só usufruem das vantagens do Estado, mas também participam de seu poder e da legislação que dele resulta, legislação que lhes traz as vantagens. Uma tal consideração, é bem verdade, não pode ser deduzida de um *direito* que os indivíduos *reivindiquem* ter contra o Estado, pois uma reivindicação desse tipo poria em risco o poder indiviso do Estado.

Por isso, Espinosa tentou tornar compreensível essa gênese a partir de um interesse do Estado em sua própria conservação. Mas aí ele parece não ter reparado que o princípio fundamental do empenho por autoconservação, o *conatus*, não é simplesmente transponível a uma estrutura estatal, já que se trata do traço característico de um indivíduo, não de uma instituição. Supor-lhe igualmente um *conatus* significaria que ela já é de caráter unitário, ao passo que o seu empenho visa primeiro a conseguir realizar essa unidade. O empenho do Estado seria sempre o empenho de muitos indivíduos, cuja unificação é um problema que não pode ser resolvido pelo recurso ilusório a *um só conatus*. Nada indica que se apresenta a Espinosa uma solução em termos de uma história do desenvolvimento, segundo a qual se formaria, no processo de superação crescente de divergências, um a mais em elementos comuns. Espinosa desenvolve antes uma tipologia de formas de governo (monarquia, aristocracia, esboço de democracia) que são impermeáveis entre si e acerca das quais ele procura mostrar que não importa que se desenvolvam, mas sim que *mantenham* duradouramente a sua forma fundamental.

É claro que as formas de governo podem ser *julgadas* comparativamente quanto à sua eficiência, isto é, em que medida são estáveis em si e asseguram, assim, a paz interna. O critério de seu julgamento é a pergunta sobre até que ponto se torna efetivo nela um poder comum e, portanto, uma forma de governo sem barreiras (*absolutum imperium*), a qual estaria realizada quando a multidão a detivesse em suas mãos (TP VIII, 3). O modelo teórico de uma forma ideal de governo é, nessa medida, inequivocamente a democracia, da qual Espinosa já dissera, no *Tratado teológico-político*, ser manifestamente a forma de governo mais natural (*maxime naturale*). Não o é, é bem verdade, por ter algo a ver com a natureza como *physis*, mas por se aproximar ao máximo da liberdade concedida por natureza a cada indivíduo. O direito natural do indivíduo (*jus suum naturale*) é levado em consideração em medida máxima na democracia, pois nela ninguém o transferiria a um outro de modo tal que não venha mais a ser consultado (TTP XVI). Frente à democracia, as outras formas de governo ainda são caracterizadas por uma oposição entre governantes e gorvernados, oposição que se sedimenta no confronto afetivo de um temor recíproco que não é superado em termos de direito positivo. Aqueles que são excluídos pelo poder governante guardam apenas aquele momento da própria liberdade que é preservado no direito natural, mas não aquele que assume uma forma jurídica. Esse direito à liberdade fundado no direito natural, mesmo sem este título de direito, eles também poderão dirigir contra o governo, e se o puderem, o farão. Se o governo, *unicamente por isso*, se vê forçado a levar em conta os interesses dos indivíduos (TP VIII, 4), portanto, a partir de um interesse que brota meramente da natureza e que não está ancorado em leis de direito, então ele não supera realmente nem o confronto latente nem um estado de natureza.

Espinosa não pôde mais elaborar o capítulo sobre a democracia. Do pouco que disse sobre esse tema, não se depreende até que ponto é possível realizar, em uma democracia, aquele projeto de uma estabilidade duradoura do Estado cujo desenvolvimento era a intenção do tratado tardio. Uma forma estável de organização é racional, afirma Espinosa, sem precisar apoiar-se na razão dos indivíduos integrados nela. Mas ele tinha de saber que uma tal forma de organização não é independente nem do entendimento que os indivíduos têm de si nem do uso possível da razão por parte deles. Isso se dá porque não está submetida a estrutura alguma que tenha algo a ver com o mundo como um todo (*facies totius universi*), estrutura que sempre se conserva, aconteça o que acontecer com as partes do mundo. Se, não obstante, ele insiste que é importante para o Estado manter uma forma que o faça ser eterno (*aeternus*), ele então parece estar traçando um falso paralelo com o programa da *Ética*, o qual se orienta pelo eterno. Uma teoria das instituições assim compreendida fecha-se à dinâmica de um desenvolvimento político ulterior e, com isso, ao caminho da melhora progressiva, caminho que a *Ética* manteve aberto ao sábio na medida em que ela desenvolveu a significatividade do eterno para a vida humana *a partir da perspectiva* de um indivíduo que compreende mais e mais a si mesmo. São inegáveis os elementos conservadores, respeitosos da manutenção de formas de vida estabelecidas, que possui essa filosofia política que não enfoca a perspectiva racional do indivíduo. Destarte, Espinosa transforma em pressupostos expressos da estabilidade estatal tanto a insistência nos costumes e na tradição quanto a transferência da responsabilidade governamental a homens que, com base em sua idade e em seu cabedal de experiências, são avessos a mudanças. Além disso, ele entende o Estado como uma comunidade (*civitas*) que pode se apoiar em elementos étnicos e culturais comuns a cidadãos de uma região fechada em si, cidadãos dos quais outras nações (TP III, 11-17) são e continuam inimigas por natureza. Diversamente da religião, que aposta na razão latente nos homens, a política visa não à universalidade, mas à provincialidade.

Por trás disso está um adeus às construções utópicas. Essas construções não vinculam uma república suficientemente à vida afetiva de fato de seus cidadãos nem às expectativas destes. Fazem das leis do Estado simples preceitos que, talvez fundados racionalmente, permanecem exteriores aos cidadãos no que se refere ao entendimento que têm de si e, no que se refere às expectativas alimentadas por esse entendimento, tais preceitos não têm, portanto, força para regular a convivência humana. Por isso, o legislador terá de levar suficientemente em devida conta os indivíduos a serem integrados à república. Terá de fazê-lo não mediante um apelo à sua razão latente, apelo que não entenderão, mas em última instância levando em consideração o meio com o qual estão comprometidos por estarem submetidos a seus afetos. Esse meio é o da simples opinião. Diz-se portanto que os homens devem ser guiados pelo governo de modo a terem *a impressão* de não estarem sendo guiados, mas de viverem segundo a própria decisão e conforme os próprios desígnios (TP X, 8). Se basta que o acreditem de si mesmos, então estão sendo objetivamente guiados de fora, mas não o estão segundo o entendimento que têm de si mesmos. Maquiavel o sabia. Por isso, Espinosa levou Maquiavel em devida conta, é bem verdade que com muito sarcasmo justo na exposição do Estado ideal (TP V, 7). Concordando com ele, Espinosa atesta aos políticos que, com vistas às leis do direito compartilhado que devem ser promulgadas, eles têm de ser não sábios, mas espertos e ladinos (TP I, 3).

É claro que democracia alguma pode ser construída com base na arte da sedução. E o autor da *Ética* sabia bem demais que uma multidão soldada dessa maneira obedecerá a um afeto compartilhado – por exemplo, um afeto de medo de algo ou de esperança por algo – mas tal solidariedade será só passageira. Pois está apoiada, guiada de fora, em um poder incompatível com a liberdade individual, mesmo que esse poder entre em cena com um refinamento que não dá na vista. Que afetos não duram é algo do qual Espinosa deu-se conta muito cedo, já à época do *Breve tratado sobre Deus, sobre o homem e sua felicidade*. Eles têm uma força que domina o homem porque se substituem uns aos outros contra a vontade dele. Na *Ética*, Espinosa mostrou que quem tem um *juízo* instável é impotente contra essa alternância e as oscilações d'alma que a acompanham. Espinosa conclui disso, para a política, que aquele que consegue ludibriar a mente de outrem submeteu-o de fato ao próprio poder e, assim, à própria jurisdição (TP II, 11). Por isso, na política, também vale o seguinte: "como se deve medir a potência do homem menos pelo vigor do corpo que pela força da mente, possuem-se mais a si mesmos aqueles em que domina maximamente a razão e que vivem maximamente guiados por ela" (*ibid.*). E por isso também é incontornável que, estando em máxima medida sob a própria jurisdição, aquele que "vive guiado pela razão [...] é determinado a agir por causas que podem ser adequadamente conhecidas unicamente por sua natureza" (*ibid.*). Trata-se daquele que a *Ética* descreveu como sendo livre.

Tudo isso é sabido pelo filósofo; também por aquele que concebeu o *Tratado político*; mas, ao mesmo tempo, é sabido por ele que política alguma pode ser fundada nisso. Segundo a justificativa que Espinosa dá, nessa obra, sobre a tarefa da filosofia ante a política, o filósofo só deve *descrever* os negócios da política, outros, os políticos inteligentes, tendo de se desincumbir habilmente deles (TP I, 4). É claro, assim achava Espinosa, que o filósofo tem o privilégio de poder *deduzi-los* da constituição da natureza humana (*ibid.*). De uma tal fundamentação filosófica, ele acha, ao mesmo tempo, que ela pode tirar do caminho um falso entendimento de política e, assim, o único perigo que a ameaça. Com relação à sua fundamentação da religião, acreditou o mesmo, pois não a atacou, mas precisamente justificou-a atacando o falso entendimento que os teólogos têm dela. Mas ter, em geral, um entendimento, seja ele correto ou falso, não é exterior àquilo que a religião é e que a política é. Tal entendimento entra nessas esferas como algo que é próprio aos fiéis e aos cidadãos, de modo que uma fundamentação da religião e da política nada consegue contra esse entendimennto. Na *Ética*, a força das fundamentações de Espinosa reside no fato de o indivíduo racional ficar vinculado ao entendimento que tem de si mesmo e de, ao cabo, coincidir com esse entendimento. Onde isso não ocorre, elas têm de perder força persuasiva diante da coisa que deve ser fundamentada, seja a religião, seja a política.

5

APÓS ESPINOSA

REPERCUSSÃO HISTÓRICA

Muitos admiraram a filosofia de Espinosa como um sistema fechado altamente sublime, mas ele não foi aproveitado produtivamente como tal. Em meio à maioria, a sua filosofia deixou, antes, a impressão de algo exótico. A primeira reação foi uma polêmica violenta contra o *Tratado teológico-político*, a qual já começou em 1670 com um libelo de Jakob Thomasius, professor de retórica em Leipzig. Esse libelo fez com que a opinião pública se voltasse rápida e decididamente contra a doutrina de Espinosa. Um século depois, o personagem Philolaus, de uma obra de Herder, fez o balanço: "ouvi da boca de muitos que o leram que ele foi ateu e panteísta, um doutor da necessidade cega, um inimigo da revelação, um escarnecedor da religião, portanto, um devastador dos Estados e de toda sociedade de cidadãos, em suma, um inimigo do gênero humano [...]. Ele merece, portanto, o ódio e a repulsa dos amigos da humanidade e dos verdadeiros filósofos" (*Werke*, ed. de Suphan, vol. XVI, p. 412).

Frente a isso, quase não se deu atenção ao fato de que, muito cedo, o conjunto de ideias legado por Espinosa foi desenvolvido nas obras de A. Koerbagh, F. van Leenhof, P. van Hattem e A. J. Cuffeler. No século XVIII, teve repercussão, em contrapartida, a crítica de Pierre Bayle, que se encontra em seu influente *Dictionnaire historique et critique* (1697). Levado por um ceticismo geral diante da metafísica, Bayle apresentou a filosofia de Espinosa como um conglomerado de ideias contraditórias, abstrusas e monstruosas. Devido a isso, só algumas questões isoladas e, por conseguinte, mal-entendidas constituíram o ponto de contato do qual partiram alguns dos primeiros iluministas (F. W. Stosch, Th. L. Lau, J. G. Wachter, J. Chr. Edelmann), que, não obstante, desinteressaram-se do sistema filosófico de Espinosa como um todo. E a defesa hesitante de Espinosa, feita sob o travestimento de títulos que ressaltam os erros dos filósofos, por H. de Boulainviller (1731) e por J. L. Schmidt (1736/1737) – o primeiro tradutor alemão da *Ética* –, foi publicada em uma época desfavorável à recepção de Espinosa. O talvez único sucesso na história da recepção de Espinosa foi a sua hermenêutica bíblica, acolhida em obras de R. Simon (1678), J. le Clerc (1696) e por completo na *Apologia ou escrito em defesa dos reverenciadores racionais de Deus*, de Hermann Samuel Reimarus (1774-1778, excertos publicados por Lessing).

Na primeira fase da recepção, só Leibniz encetou uma discussão filosófica produtiva com a obra de Espinosa. Já velho, Hobbes não reagiu mais ao *Tratado teológico-político*, cuja ousadia ele parece ter admirado ("Não ousei escrever tão intrepidamente."). More e Cudworth, os neoplatônicos de Cambridge, tanto quanto Malebranche, endereçaram-lhe uma crítica tão somente externa, partindo de uma filosofia que já haviam concebido independente de Espinosa. Ao contrário disso, Leibniz desenvolveu a sua filosofia, em particular a sua doutrina das mônadas ("Espinosa teria razão se não houvesse mônadas.", *Philosophische Schriften*, ed. por Gebhardt, vol. III, p. 575), em discussão crítica com Espinosa. Esforçou-se sempre por não cair em um espinosismo que, a seus olhos, faz dos indivíduos momentos evanescentes de um absoluto, nesse ponto falhando em questões fundamentais da filosofia. Segundo ele, Espinosa não poderia dar uma teoria da constância das coisas em termos físicos, nem uma teoria da mente humana como um sujeito que forma ideias e, muito menos ainda, uma teoria da liberdade humana que satisfizesse os reclamos da filosofia moral. Leibniz tenta garantir a substancialidade do singular através de uma teoria segundo a qual o mundo como um todo está contido potencialmente em cada *singular*, o qual o desenvolve em plena autarquia. Quanto ao determinismo da sucessão dos eventos que aí está implicado, procurou contorná-lo com a teoria de um Deus transcendente ao mundo cuja causalidade não está submetida apenas às proposições da lógica, as quais se dirigem ao necessário, mas é guiada, com relação ao que existe de fato, por um princípio diverso das proposições da lógica. Relativamente a isso, Leibniz distinguiu entre verdades necessárias e verdades contingentes. A contingência do factual é assegurada pelo princípio de razão suficiente, que realiza um único mundo dentre os mundos que são, segundo as leis da lógica, meramente possíveis. Leibniz achou que esse princípio era um princípio do ótimo, que submete o mundo real à bondade de Deus e não a uma necessidade cega. Demonstrar *more geometrico* as estruturas da realidade era apenas consequência do fato de que Espinosa identificou erroneamente *ratio* e *causa*. Essa identificação não só não deixava espaço para a contingência do real, mas, em última análise, não permitia explicar como *um* ente real distinguia-se por si mesmo de *outro* ente real. A objeção de aniquilação do mundo, de acosmismo portanto, que para um filósofo é pior que a de ateísmo, foi então levantada particularmente por Christian Wolff (*Theologia naturalis*, 1736-37, Pars II, § 671-716). Procedente da autoridade filosófica reconhecida na Alemanha do século XVIII, essa crítica contribuiu decisivamente para que, por esta época, se falasse de Espinosa como se fosse um cachorro morto.

Em 1785 veio a virada. Irritado pela confissão de espinosismo feita por Lessing, Friedrich Heinrich Jacobi publicou uma obra com o título de *Sobre a doutrina de Espinosa, em cartas ao Senhor Moses Mendelssohn*. Argumentando contra Mendelssohn, um partidário de Lessing que aderira ao racionalismo da escola de Wolff, Jacobi tentou minar, mediante um irracionalismo consequente, as premissas racionalistas da filosofia de Espinosa. A repercussão do livro de Jacobi sobre Espinosa foi grande, embora em um sentido que não estivera na intenção de seu autor. O cachorro morto tornou-se representante "de um tipo metafísico de primeira ordem" (A. Scholz, *Die Hauptschriften zum Pantheismus-Streit zwischen Jacobi und Mendelssohn*, 1916). Na florescência da vida cultural alemã, Espinosa teve um lugar garantido. Muitas vezes, contudo, foi entendido simplesmente a partir da interpretação de Jacobi, o qual havia chamado a atenção para componentes supostamente não racionais no sistema de Espinosa. Recorrendo ao conceito de força de Leibniz, Herder interpretou a potência de Deus como a de uma vida que se organiza no sentido de uma vivificação dinâmica de tudo. De Espinosa, Goethe tirou coragem para "dedicar toda minha vida à contemplação das coisas" (carta a Jacobi, de maio de 1786). Realizou-o sob o ponto de vista bem espinosiano de que cada coisa tem uma existência autônoma que não pode ser submetida a um critério que lhe é estranho, possuindo, precisamente por isso, apesar da imanência de Deus, algo em si que não é acessível à investigação. Schleiermacher acreditou encontrar elementos teístas na filosofia de Espinosa, bem como elementos de uma mística em seu desfecho com uma mediação entre o homem e o infinito.

A repercussão mais forte deu-se na filosofia. Sob o impacto do livro de Jacobi sobre Espinosa, Kant viu-se obrigado a uma discussão crítica com Espinosa (*Que significa: orientar-se no pensar?*, 1786). Elucidando a teleologia, ainda considerou o espinosismo como um dentre muitos sistemas falhos (*Crítica da faculdade de julgar*, 1790), mas as frequentes referências a Espinosa no *Opus postumum* pós-crítico são muito difíceis de aquilatar em sua significatividade. Foram os seguidores de Kant que reconheceram a importância enorme de Espinosa para a sua crítica da filosofia da subjetividade de Kant. Fez-se valer Espinosa contra Kant como o filósofo cuja teoria do absoluto fizera a reivindicação, em alto nível especulativo, de dar uma fundamentação última do todo da realidade e de penetrá-lo racionalmente. Espinosa conseguira superar todas as nuanças de um dualismo que – como se mostrara anteriormente em Descartes e agora de novo em Kant – resultam do fato de se tomar como ponto de partida um sujeito que está frente ao mundo. É claro que, em essência, só glorificavam em Espinosa o pensamento especulativo de base em geral, pensamento que aos seus olhos fora por ele concebido insuficientemente e que se tratava, por isso, de melhorar.

Para Hegel, o ponto de vista do espinosismo é "o começo essencial de todo filosofar" (*Werke*, ed. de Glockner, vol. XIX, p. 376), pois em Espinosa encontrava-se o pensamento especulativo do absoluto, sem o qual nada é. Falta-lhe uma determinação interna do absoluto, a partir de cuja dinâmica poder-se-ia tornar inteligível a passagem mediadora do infinito ao finito, portanto, uma derivação do mundo multiplamente articulado, derivação que seria simultaneamente a concepção do mundo. Sob esse aspecto, Fichte, Schelling e Hegel determinaram ulteriormente, cada um de modo distinto, o conceito espinosiano de absoluto. Era-lhes comum o projeto de introduzir um automovimento na substância, que na opinião deles era subdeterminada e, por isso, rígida, senão até vazia de conteúdo, fazendo com que o absoluto fosse vinculado a um saber-se. Com isso, verteram o saber em uma forma que imediatamente, e com razão, despertou a suspeita de que com ela não seria possível descrever o saber *humano*.

Frente a isso, Espinosa havia negado à substância divina qualquer forma de saber, pois acreditava que unicamente sob esse pressuposto poder-se-ia fazer entender o saber humano em sua incondicionalidade possível. Em sua teoria da subjetividade, ele havia mostrado que o saber humano, sendo um desempenho subjetivo, não se poderia tornar compreensível unicamente a partir do sujeito, mas que seria requerida uma teoria do absoluto que precedesse a teoria do saber humano. Quanto a isso, os idealistas alemães puderam de fato ver em Espinosa um aliado. Mas, diversamente dos pósteros, Espinosa buscou a dinâmica do desenvolvimento progressivo de determinações não no absoluto, mas recorrendo a um modo finito caracterizado por conhecer. Assim, ele entendeu esse desenvolvimento progressivo como um tornar-se progressivamente claro daquilo que desde a eternidade determina o sujeito cognoscente. Ao mesmo tempo, Espinosa insistiu – nisso distinguindo-se de Hegel (como também de Leibniz) – que o princípio que norteia o desenvolvimento progressivo não contém quaisquer implicações teleológicas, não podendo, portanto, ser entendido como uma força que dirige um modo finito para uma meta. Para ele, isso era um pressuposto para se poder falar de uma *liberdade* do homem, a qual não pode convir-lhe contra o princípio incondicionado que, nisso, é absolutamente livre. Nessa oposição, ela seria uma liberdade para escolher entre alternativas, a qual não convém ao homem pelo fato de que esse princípio já é atuante nele, seja de que modo for.

No final do século XIX, marcado por uma diminuição do interesse pela especulação filosófia e pela noção de fundamentação que a caracteriza, enfraqueceu também o interesse por Espinosa. Mais do que antes, aspectos particulares do seu sistema eram pinçados e depois integrados, a gosto do freguês, em diversas filosofias, coisa que fizeram despreocupadamente Schopenhauer e Nietzsche. Por outro lado, Espinosa recebeu um espaço adequado na então incipiente historiografia da filosofia, sendo visto como um filósofo reconhecido, porém passado, do qual não se poderia de modo algum prescindir para entender o desenvolvimento da filosofia que vai de Descartes, passa por Leibniz e Kant e chega ao idealismo alemão. Na terceira edição de sua *História da filosofia* (1847), Feuerbach mais uma vez o viu do ponto de vista de uma visão geral do mundo, estilizando-o como um materialista, tal como já o haviam feito, 80 anos antes, Diderot em seu artigo sobre Espinosa, escrito para a *Enciclopédia* (1765), e o barão d'Holbach em sua obra *Sistema da natureza* (1770).

Os estudos científicos do judaísmo, iniciados no século XX, lembraram-se do filósofo judeu de antanho, promovendo a discussão internacional de modo considerável. Desde meados de 1960 é possível registrar uma pesquisa intensa em torno de Espinosa. Essa pesquisa recebeu seus impulsos mais fortes do estruturalismo francês. Mas o racionalismo de Espinosa

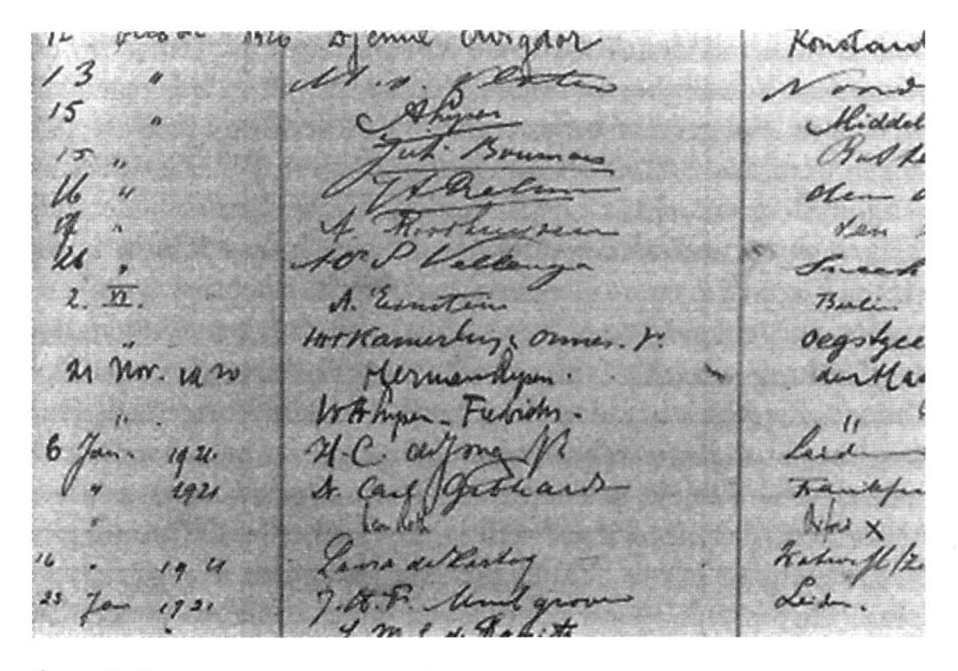

Ilustração 5
Livro de visitantes da casa de Espinosa em Rijnsburg, com os registros de Albert Einstein, Heike Kamerlingh-Onnes, Carl Gebhardt e Leon Roth.

também foi estudado sob aspectos que envolvem a teoria da ciência e a teoria dos sistemas, bem como no âmbito de uma *philosophy of mind*. A sua antropologia foi abordada em conexão com uma valorização da ética naturalista e até ecológica.

PERSPECTIVAS

Em suas *Lições sobre a história da filosofia*, Hegel escreveu o seguinte: "quando se começa a filosofar, é primeiro preciso ser espinosiano. A alma tem que se banhar neste éter da uma substância, no qual submergiu tudo que foi tido como verdadeiro. É a negação de todo particular à qual toda filosofia tem que ter chegado; é a libertação do espírito e sua base absoluta" (*Werke*, ed. de Glockner, vol. XIX, p. 376). Eis o elogio de uma grande filosofia, mesmo que Hegel não a tivesse tido em mira na sua conformação própria. Designar o espinosismo de começo de todo filosofar significa compreender o filosofar como algo que não se dispõe a tratar como fácil aquilo que se pode dizer de modo fundamentado, portanto, não chega rápido demais a enunciados sobre estados de coisas. Isso é mais que desmontar os preconceitos da simples opinião e as precipitações neles contidas, coisas das quais Espinosa também fez seu objetivo; é conclamar a um modo de julgar no qual o particular deve ser concebido a partir de uma interconexão universal na qual está inserido. Não o particular como tal deve ser negado, mas a tentativa de querer concebê-lo a partir dele mesmo e de aí contentar-se com um trabalho que não satisfaz. Contra o contentamento humano com a modéstia de nossa reivindicação de conhecimento, Espinosa exige muito da filosofia ao colocá-la, nas palavras de Hegel, sobre uma base absoluta. Essa base certamente não é o próprio sujeito humano; mas a orientação pelo absoluto, Hegel viu-o corretamente, é a libertação do espírito humano. É a libertação do homem de sua ignorância, na qual se refugiar o homem tem uma inclinação diante de problemas que se lhe impõem, mas que ele não consegue resolver por si mesmo e em relação aos quais ele apenas pode *ter* como verdadeiros todos os enunciados afirmativos.

Para Espinosa, a mente humana tem o poder de conhecer incondicionadamente não por ser ela mesma incondicionada, mas por ser determinada por um incondicionado distinto dela, o qual Espinosa, empregando um termo tradicional, chama de Deus, por mais que muitos não reconheçam aí a representação que têm de Deus. Em conformidade com a coincidência de *esse* e *concipi* interpretada realistamente, Espinosa ligou ao conceito de Deus duas determinações fundamentais: que lhe compete uma operatividade com referência ao mundo, chamada por Espinosa de causalidade, e que através dessa operatividade ele pode ser conhecido adequadamente por um ente deste mundo. Ambas as teses nos são bastante estranhas hoje. Sob outro ponto de vista, contudo, a filosofia de Espinosa vem inteiramente ao nosso encontro, a saber, na medida em que a sua metafísica não é uma metafísica da transcendência, mas uma metafísica das estruturas elementares do mundo que não é extravagante chamar de eternas. Essa metafísica das estruturas foi ligada por Espinosa a uma metafísica da orientação humana no mundo, a qual deve ser *distinguida* da primeira e para a qual converge o seu sistema, que ele, por isso, apresentou sob o título de *Ética*. Essa metafísica compreendida como ética é suficientemente aberta, mesmo que, com Kant, se a chame de dogmática. A ética de Espinosa é metafísica na medida em que se consuma no conhecimento de um incondicionado, no qual o homem concebe-se a si mesmo como eterno a partir desse incondicionado como o princípio de estruturas eternas. Ao mesmo tempo, no entanto, Espinosa deixou claro que esse conceber está vinculado a um processo que se dá no tempo. Nesse processo, o homem depara-se com os empecilhos de sua constituição natural que o forçam a trilhar um caminho no qual ele tem de se esforçar para compreender tais empecilhos quanto ao seu conteúdo próprio, isto é, para integrá-los de modo adequado no contexto das suas experiências do mundo. Tendo em vista a multiplicidade das relações com o mundo nas quais vive, o homem nem pode ter êxito completo nessa empreitada; Espinosa não deixou dúvidas de que essa multiplicidade nem sempre pode ser conhecida adequadamente pelo homem. Nessa medida, nem o conhecimento adequado, que se apoia na ontologia estrutural da substância e está a serviço da ética, nem o racionalismo absoluto vinculado a isso são uma premissa da ética que seja independente da ação humana, mas são, antes, um *programa* que o homem deve perseguir ao se orientar no mundo. Perseguindo esse programa, o homem, para falar mais uma vez com Hegel, deve negar o particular não para suprimí-lo (*tollere*), mas para integrá-lo (*ponere*) em um contexto abrangente.

Ao conhecer concreto, antecede a suposição de que existe um tal contexto no qual cada coisa singular tem seu lugar e, unicamente a partir do qual pode, se isso é em geral possível, ser concebida adequadamente. Essa suposição está fundada na ontologia da uma substância e na teoria das estruturas elementares do mundo a ela ligada. Mas, orientando-se apenas pelas estruturas elementares do mundo aí desenvolvidas, o homem não poderá vislumbrar nada do particular que o determina em sua vida, pois tal particular não se segue de estruturas eternas universais. Se isso não tiver que ser declarado como nulo, coisa que Espinosa certamente não faz, é, portanto, preciso um acesso cognitivo que parta das reais experiências do homem, às quais cabe, contudo, tal é o programa, contemplar sob o aspecto do eterno. Perseguir esse aspecto significa visar a colocar em um contexto integrador a multiplicidade das experiências particulares. Por isso, parece-me ser importante não interpretar a filosofia de Espinosa como um sistema dedutivo que procura explicar de cima para baixo, a partir das estruturas formais de um primeiro princípio, a multiplicidade do mundo e, junto com isso, a posição do homem no mundo. Uma tal interpretação não só exigiria demais do sistema de Espinosa, mas também o faria pobre de conteúdo, sugerindo, por fim, a interpretação de um acosmismo no qual também uma ética não encontraria lugar, a não ser como uma fuga do mundo.

Os filósofos do idealismo alemão deixaram-se seduzir por uma interpretação dessas ao acreditarem que o sistema da *Ética* já estava acabado com a teoria abstrata das estruturas proposta na sua primeira parte. Mas, se ao contrário disso, atentarmos para o fato de que as demais partes são integrantes do sistema, não no sentido de serem uma simples aplicação àquilo que foi em geral dito sobre a substância ao campo do agir humano, mas sim no sentido de encherem de conteúdo o princípio fundamental, o sistema torna-se, então, suficientemente aberto para perseguir uma perspectiva que tome como ponto de partida o modo finito homem, com relação a cuja ação a teoria da substância adquire o seu significado. Se Espinosa também procura mostrar que o caminho cognitivo do homem encontra o seu remate no conhecimento do incondicionado e que esse conhecimento é condição da vida humana exitosa, então este ainda não é o ponto final do sistema, mesmo que seja o término de um caminho que o homem precisa percorrer para tornar-se consciente daquilo que constitui a sua felicidade. Com o *remate* do conhecimento no conhecimento de Deus, Espinosa quer mostrar que o seu teorema fundamental de uma causalidade imanente de Deus é demonstrável a partir da mente humana como um modo do mundo, sendo, por isso, justamente significativo para a vida que o homem deve levar. Mas justificar a ontologia estrutural através da ação humana deixa um espaço para que o homem conceba, no *horizonte* de uma experiência do eterno, os eventos de sua vida, que são contingentes por ocorrerem temporalmente e que não são consequência da eternidade de Deus. Sobre essa forma de conceber, é válido dizer que não pode alcançar um termo definitivo, estando, portanto, aberta a experiências de tipo novo em relação às quais a força do conhecimento racional tem de dar provas de si e também pode fracassar.

O racionalismo de Espinosa não é um assunto simples que passe por cima da multiplicidade dos fenômenos, que pretenda conceber as interconexões do mundo a partir de algumas poucas premissas. O aspecto fascinante de sua filosofia parece-me consistir em que, diante da multiplicidade dos fenômenos que se oferecem ao homem, ateve-se imperturbada a um princípio de completa racionalidade, senão como fundamento de todas as investigações filosóficas, pelo menos como meta delas, da qual Espinosa estava convencido ser uma meta imanente às investigações filosóficas. O racionalismo de Espinosa certamente não transforma em coisa fácil o seu envolvimento com os fenômenos, mas, ao contrário, expõe – com isso termina a *Ética* – ser difícil (*difficilis*) tudo que é excelente e portanto objeto da filosofia (E V, 42s). A forma suprema de conhecimento, que Espinosa chama de conhecimento intuitivo, é difícil de ser alcançada não por ser o assunto de alguns poucos escolhidos que tenham dotes cognitivos particulares, mas por ter que se fazer valer no homem face às situações com as quais nosso conhecimento se defronta inicialmente. Espinosa mostrou-o tanto na reciprocidade da relação entre mente e corpo quanto na relação entre ação e paixão, entre conhecimento e afetividade, em geral, entre razão e desrazão em uma perspectiva humana, enfim, entre eternidade e temporalidade. Ligou a isso a recusa de toda forma de um dever ser, cujo conteúdo normativo passa por cima daquilo que de fato determina o homem e que por isso não se torna uma força determinante da ação humana.

Espinosa confiou que o conhecimento tem uma tal força, e procurou demonstrá-la fazendo-a dar provas de si na realidade que determina o homem. Talvez seja duvidoso que o conhecimento de fato tenha tal força. Espinosa acreditou poder defender uma reivindicação nesse sentido também para o caso de que não fosse dado ao conhecimento aquele sucesso de libertar absolutamente o homem de toda determinação por algo que lhe é alheio. Defendeu-a porque não viu nenhuma alternativa séria a ela. Seria absurdo se "alguém, por não acreditar que pode alimentar eternamente o corpo, quisesse saciar-se de venenos e coisas letais, ou que, por ver que a sua mente não é eterna, ou seja, imortal, preferisse ser demente e viver sem razão" (E V, 41s). Espinosa escreve isso no escólio daquela proposição da *Ética* que, após a demonstração do êxito de uma libertação absoluta, mediante o conhecimento racional, salienta que o caminho que leva a essa libertação é racional e, portanto, está justificado *independente* de se, ao cabo, se consegue ou não tal libertação. Também isso – face ao conceito espinosiano de razão – ainda é uma grande reivindicação, a qual se deveria conceder à filosofia caso não se queira de antemão confiar que ela pode muito pouco.

6
APÊNDICE

CRONOLOGIA

Depois de 1600	A família De Spinoza emigra de Portugal para os Países Baixos
1632	24 de novembro: nasce Espinosa no bairro judeu de Amsterdam
1637	*Discours de la méthode*, de Descartes
1638	Morte da mãe. Frequenta a escola fundamental judaica
1640	Suicídio de Uriel da Costa
1641	*Meditationes de prima philosophia*, de Descartes
1642	*De cive*, de Hobbes
1644	*Principia philosophiae*, de Descartes
1646	Frequenta a escola talmúdica
1648	Paz da Vestfália e independência definitiva dos Países Baixos Unidos
1649	Morte do irmão Isaac. Trabalha no negócio do pai
1651	Primeiras relações com um círculo de comerciantes liberais, os colegiantes. *Leviathan*, de Hobbes
1652	Primeira guerra marítima com a Inglaterra (até 1654)
1653	Jan de Witt torna-se pensionista da assembleia da Holanda, de fato, o responsável político por toda a república
1654	Morte do pai. Funda (com seu irmão mais jovem) a firma Bento y Gabriel de Spinoza
1655	Frequenta a escola de latim de Franciscus van den Enden
1656	Proscrição da sinagoga. *Meletemata philosophica*, de Adriaan Heereboords

1660	Provável conclusão da primeira obra, *Breve tratado sobre Deus, sobre o homem e sua felicidade*. Banimento de Amsterdam e mudança para Rijnsburg
1661	Provavelmente trabalha no *Tractatus de intellectus emendatione*, que fica inacabado. Início da correspondência com Heinrich Oldenburg
1662	Começa a trabalhar na *Ethica*
1663	*Renati Des Cartes Principiorum Philosophiae Pars I et II. More Geometrico demonstrata* [...] *Accesserunt Ejusdem Cogitata Meatphysica* (Amsterdam, editor Jan Rieuwertsz). Mudança para Voorburg
1664	Segunda guerra marítima com a Inglaterra (até 1667)
1665	Interrupção do trabalho na *Ethica*
1666	*Philosophia Scripturae interpres...*, de Lodewijk Meyer
1668	Processo contra Adriaan Koerbagh, que morre na prisão
1670	*Tractatus theologico-politicus* (publicado anonimamente com editor e lugar de publicação fictícios; de fato, Amsterdam, editor Jan Rieuwertsz). Mudança para Den Haag. Início dos ataques violentos contra o tratado, cujo autor logo fica conhecido
1672	Início da guerra com a França. Assassinato de Jan de Witt e convocação de Guilherme III, de Orange, para ser governador da república
1673	Recusa ao chamado para ser professor em Heidelberg. Visita ao acampamento militar francês em Utrecht
1674	Proibição do *Tractatus theologico-politicus* nos Países Baixos. Correspondência com Ehrenfried Tschirnhaus
1675	Termina a *Ethica*, que não é publicada. Começa a trabalhar no *Tractatus politicus*
1676	Visita de Leibniz em Den Haag
1677	21 de fevereiro: Espinosa morre em Den Haag. Publicadas as *Opera posthuma* (em Amsterdam, editor Jan Rieuwertsz) e pouco depois a tradução holandesa (*Nagelatene Schriften*, mesmo editor)

REFERÊNCIAS*

OBRAS

Spinoza Opera, ed. por C. Gebhardt. 4 vols. Heidelberg 1924-26, reimpressão 1973, Volume complementar V 1987.
Korte Verhandeling van God, de Mensch en deszelvs Welstand, ed. por F. Mignini, in: *Werken van Spinoza* vol. III. Amsterdam 1982, p. 223-436.
Tractarus theologico-politicus, ed. por F. Akkerman, in: Spinoza, *Oeuvres* vol. III. Paris 1999.
Tractatus politicus, ed. por O. Proietti, in: Spinoza, *Oeuvres* vol. V, Paris 2005.

Traduções em alemão

Sämtliche Werke, Hamburgo:
Vol. 1: *Kurze Abhandlung von Gott, dem Menschen und dessen Glück*. Ed. por W. Bartuschat, 1991.
Vol. 2: *Ethik in geometrischer Methode dargestellt*, latim e alemão. Ed. e trad. por W. Bartuschat 1999.
Vol. 3: *Theologisch-politischer Traktat*. Ed. por G. Gawlick, 3ª ed. 1994.

---

* N. de R.T. As referências reproduzem as da publicação original com algumas modificações. Quando há no original, após um item bibliográfico em outra língua que não o alemão, uma referência à tradução alemã deste item, ela é aqui omitida. Quando existentes e de nosso conhecimento, foram indicadas as traduções em português dos títulos constantes das referências originais. Além disso, incluíram-se títulos originais em língua portuguesa para o leitor lusófono. Restringiu-se esta inclusão a títulos mais recentes, ficando o leitor referido, para uma bibliografia exaustiva que também compulsa títulos em português, a Marilena Chauí, *A nervura do real*. Imanência e liberdade em Espinosa. São Paulo: Companhia das Letras, 1999, vol 2, p. 201-254.

Vol. 4: *Descartes' Prinzipien auf geometrische Weise dargestellt mit einem Anhang, enthaltend Gedanken zur Metaphysik*. Ed. e trad. por W. Bartuschat, 2005.
Vol. 5.1: *Abhandlung über die Verbesserung des Verstandes*, latim e alemão. Ed. e trad. por W. Bartuschat, 1993, 2003².
Vol. 5.2: *Politischer Traktat*, latim e alemão. Ed. e trad. por W. Bartuschat, 1994.
Vol. 6: *Briefwechsel*. Ed. por M. Walther, 3ª ed. 1986.
Vol. 7: *Lebensbeschreibungen und Dokumente*. Ed. por M. Walther, 1998.
Ergänzungsband: *Algebraische Berechnung des Regenbogens. Berechnung von Wahrscheinlichkeiten*, holandês e alemão. Ed. e trad. por H.-Chr. Lucas e M.J. Petry, 1982.

Tradução em holandês

Briefwisseling. Ed. e trad. por E. Akkerman *et al*. Amsterdam / Antuérpia 1977.

Tradução em inglês

The Collected Works of Spinoza, vol. I. Ed. e trad. por E. Curley. Princeton 1985.

Traduções em francês

Traité théologico-politique. Trad. por J. Lagrée e P.-F. Moreau, in: Spinoza, *Oeuvres* vol. III. Paris 1999.
Traité politique. Trad. por Ch. Ramond, in: Spinoza, *Oeuvres* vol. V. Paris 2005.

Traduções em português

Baruch de Espinosa. *Pensamentos metafísicos, Tratado da correção do intelecto, Tratado político, Correspondência*. Seleção de textos de Marilena de Souza Chauí. Coleção Os Pensadores. 3ª ed. São Paulo 1983 (o volume também contém uma tradução da *Ética*, inadvertidamente omitida na página de rosto).
Bento de Espinosa. *Ética*. Trad. de Tomaz Tadeu. Ed. bilingue latim / português. Belo Horizonte 2007.

MEIOS AUXILIARES E PERIÓDICOS

Akkerman, E. *Studies in the Posthumous Works of Spinoza*. Groningen 1980.
Akkerman, F. e Steenbakkers, P. (eds.). *Spinoza to the Letter*. Studies in Words, Texts and Books.

Leiden 2005.
Giancotti-Boscherini, E. *Lexicon Spinozanum*, 2 vols. Den Haag 1970.
Gueret, M. *et al. Spinoza, Ethica*. Concordances, index verborum, liste de fréquences, tables comparatives. Louvain-la-Neuve 1977.
Préposiet, J. *Bibliographie spinoziste*. Paris 1973.
Segal, G. e Yovel, Y. (eds.). *Spinoza*. Aldershot 2002.
Steenbakkers, P. *Spinoza's* Ethica *from Manuscript to Print*. Assen 1994.
Van der Werf, Th. *et al. A Spinoza Bibliography 1971-1983*. Leiden 1984.
Bulletin de bibliographie spinoziste. *Archives de philosophie* 42 e segs., 1979 e segs.
Cadernos espinosanos. São Paulo 1996 e segs.
Cahiers Spinoza, vols. 1-6. Paris 1977-1991.
Chronicon Spinozanum, vols. 1-5. Den Haag 1921-1927.
Mededelingen vanwege het Spinozahuis. Leiden 1934 e segs.
Studia Spinozana. Alling 1985-1987, Würzburg 1988 e segs.

COLETÂNEAS

Altwicker, N. (ed.). *Texte zur Geschichte des Spinozismus*. Darmstadt 1971.
Bend, J. G. van der (ed.). *Spinoza on Knowing, Being and Freedom*. Assen 1971.
Bostrenghi, D. (ed.). *Hobbes e Spinoza*. Scienza e politica. Nápoles1992.
Curley, E. e P.-F. Moreau (eds.). *Spinoza*. Issues and Directions. Leiden 1990.
Domínguez, A. (ed.). *La ética de Spinoza*. Fundamentos y significado. Ciudad Real 1992.
Engstler, A. e R. Schnepf (eds.). *Affekte und Ethik*. Spinozas Lehre im Kontext. Hildesheim 2002.
Ferreira, Maria L. R. *Uma suprema alegria*. Escritos sobre Espinosa. Coimbra 2003.
Freeman, E. e E. Mandelbaum (eds.). *Spinoza*. Essays in Interpretation. La Salle 1975.
Garrett, D. (ed.). *The Cambridge Companion to Spinoza*. New York 1996.
Giancotti, E. (ed.). *Proceedings of the first Italian International Congress on Spinoza*. Nápoles 1985.
Grene, M. (ed.). *Spinoza*. A Collection of Critical Essays. Garden Green 1973.
Grene, M. e D. Nails (eds.). *Spinoza and the Sciences*. Dordrecht 1986.
Hunter, G. (ed.). *Spinoza*. The Enduring Questions. Toronto 1995.
Kashap, S. P. (ed.). *Studies in Spinoza*. Critical and Interpretive Essays. Berkeley 1972.
Kennington, R. (ed.). *The Philosophy of Baruch Spinoza*. Washington 1980.
Koistinen, O. e J. Biro (eds.). *Spinoza*. Metaphysical Themes. Oxford 2002.
Lloyd, G. (ed.). *Spinoza*. Critical Assessments. Vol. II. London 2001.
Neue Hefte für Philosophie 12 (Spinoza 1677-1977). Göttingen 1977.
Schewe, M. e A. Engstler (eds.). *Spinoza*. Frankfurt a. M. 1990.
Senn, M. e M. Walther (eds.). *Ethik, Recht und Politik bei Spinoza*. Zurique 2001.
Shalan, R. W. e J. Biro (eds.). *Spinoza*. New Perspectives. Oklahoma 1978.
Synthese vol. 37, no 1 (Spinoza). Dordrecht 1978.
Wilbur, J. B. (ed.). *Spinoza's Metaphysics*. Essays in Critical Appreciation. Assen 1976.
Yovel, Y. (ed.). *God and Nature*. Spinoza's Metaphysics. Leiden 1991.
Yovel, Y. (ed.). *Spinoza on Knowledge and the Human Mind*. Leiden 1994.

Yovel, Y. (ed.). *Desire and Affect*. Spinoza as Psychologist. New York 2000.
Yovel, Y. e G. Segal (eds.). *Spinoza on Reason and the Free Man*. New York 2004.

BIOGRAFIAS E CONTEXTO

Albiac, G. *La sinagoga vacía*. Un estudio de las fuentes marranes del espinosismo. Madrid 1987.
Brykman, G. *La juidéité de Spinoza*. Paris 1972.
Dunin-Borkowski, S. *Spinoza*. 4 vols. Münster 1933-36.
Feuer, L. S. *Spinoza and the Rise of Liberalism*. Boston 1958.
Francès, M. *Spinoza dans les Pays Néerlandais de la seconde moitié du XVIIe siècle*. Paris 1937.
Freudenthal, J. *Spinoza*. Sein Leben und seine Lehre. 2 vols. Stuttgart 1904.
Méchoulan, H. *Amsterdam au temps de Spinoza*. Argent et liberté. Paris 1990.
Meinsma, K. O. *Spinoza een zijn kring*. Den Haag 1896.
Nadler, St. *Spinoza*. A Life. Cambridge 1999 (trad. em português Mem Martins 2003).
Osier, J.-P. *D'Uriel da Costa à Spinoza*. Paris 1983.
Popkin, R. *Spinoza*. Oxford 2004.
Revah, I. S. *Spinoza et le Dr. Juan de Prado*. Paris 1959.
Van Bunge, W. *From Steven to Spinoza*. An Essay on Philosophy in the Seventeenth-Century Dutch Republic. Leiden 2001.
Vaz Diaz, A. M. e W. G. van der Tak. *Spinoza, mercator et autodidactus*. Den Haag 1932, 2ª ed. Amsterdam 1982.
Vries, Th. De. *Baruch de Spinoza mit Selbstzeugnissen und Bilddokumenten*. Reinbek 1990.
Yovel, Y. *Spinoza and other heretics*, vol. 1: The Marrano of Reason. Princeton 1989 (trad. em português Lisboa 1993).
Walther, M. (ed.). *Die Lebensgeschichte Spinozas*. Lebensbeschreibungen und Dokumente. Stuttgart 2006 [reedição muito ampliada de Freudenthal 1899].
Wolfson, H. A. *The Philosophy of Spinoza*. 2 vols. Cambridge 1934, 3ª ed. 1983.

INTRODUÇÕES

Allison, H. E. *Benedict de Spinoza*. An Introduction. New Haven 1987.
Chauí, Marilena. *Espinosa*. Uma filosofia da liberdade. São Paulo 1995, 2ª ed. São Paulo 2006.
Cristofolini, P. *Spinoza per tutti*. Milão 1993.
Curley, E. *Behind the Geometrical Method*. A Reading of Spinoza's Ethics. New Jersey 1988.
Hampshire, St. *Spinoza and Spinozism*. Oxford 2005.
Harris, E. E. *Spinoza's Philosophy*. An Outline. New Jersey / London 1992.
Hubbeling, H. G. *Spinoza*. Freiburg / Munique 1978.
Moreau, P.-F. *Spinoza*. Paris 1975.

Nadler, St. *Spinoza's Ethics*. An Introduction. Cambridge 2006.
Röd, W. *Benedictus de Spinoza*. Eine Einführung. Stuttgart 2002.
Seidel, H. *Spinoza zur Einführung*. Hamburgo 1994.
Steinberg, D. *On Spinoza*. Belmont 2000.

EXPOSIÇÕES DE CONJUNTO

Alquié, F. *Le rationalisme de Spinoza*. Paris 1981.
Bartuschat, W. *Spinozas Theorie des Menschen*. Hamburgo 1992.
Bartuschat, W. Baruch de Spinoza. In: *Grundriß der Geschichte der Philosophie. Die Philosophie des 17. Jahrhunderts*, vol. 2. Basiléia 1993, p. 893-969 e 974-986.
Bennett, J. *A study of Spinoza's Ethics*. Indianapolis 1984.
Chauí, Marilena. *A nervura do real*. Imanência e liberdade em Espinosa. 2 vols. São Paulo 1999.
Curley, E. *Spinoza's Metaphysics*. Cambridge / Mass. 1969.
Delahunty, R. J. *Spinoza*. London 1985.
Deleuze, G. *Spinoza et le problème de l'expression*. Paris 1968.
Donagan, A. *Spinoza*. New Jersey 1988.
Harris, E. E. *Salvation from Despair*. A Reappraisal of Spinoza's Philosophy. Den Haag 1973.
Macherey, P. *Introduction à l'Ethique de Spinoza*. 5 vols. Paris 1994-1998.
Mason, R. *The God of Spinoza*. A Philosophical Study. Cambridge 1997.
Moreau, P.-F. *Spinoza. L'expérience et l'éternité*. Paris 1994.
Wetlesen, J. *The Sage and the Way*. Spinoza's Ethics of Freedom. Assen 1979.
Zac, S. *L'idée de vie dans la philosophie de Spinoza*. Paris 1963.

ONTOLOGIA E TEORIA DO CONHECIMENTO

Amann, F. *Ganzes und Teil*. Wahrheit und Erkennen bei Spinoza. Würzburg 2000.
Biasutti, F. *La dottrina della scienza in Spinoza*. Bolonha 1979.
Chauí, Marilena. Espinosa e a essência singular. *Cadernos espinosanos* 8, 2002, p. 9-41.
Cramer, W. *Spinozas Philosophie des Absoluten*. Frankfurt a. M. 1966.
De Deugd, C. *The Significance of Spinoza's first Kind of Knowledge*. Assen 1966.
De Dijn, H. *De epistemologie van Spinoza*. Tese. Louvain 1971.
Della Rocca, M. *Representation and the Mind-Body-Problem in Spinoza*. Oxford 1996.
Di Vona, P. *Studi sull'ontologia di Spinoza*. 2 vols. Florença 1960-69.
Ferreira, Maria L. R. *A dinâmica da razão de Espinosa*. Lisboa 1997.
Fløistad, G. *The Problem of Understanding in Spinoza's Ethics*. Tese. Londres 1967.
Garrett, A. *Meaning in Spinoza's Method*. Cambridge 2003.
Gleizer, M. A. *Verdade e certeza em Espinosa*. Porto Alegre 1999.

Guéroult, M. *Spinoza* vol. I: Dieu, vol. II: L'Ame. Paris 1968-74.
Hubbeling, H. G. *Spinoza's Methodology*. Assen 1964.
Jaquet, Ch. *Sub specie aeternitatis*. Etude des concepts de temps, durée et éternité chez Spinoza. Paris 1997.
Jarrett, C. E. *A Study of Spinoza's Metaphysics*. Tese. Berkeley 1974.
Lécrivain, A. Spinoza et la physique cartésienne. *Cahiers Spinoza* vol. 1, 1977, p. 235-265; vol. 2, 1978, p. 93-206.
Lloyd, G. *Part of Nature*. Self-knowledge in Spinoza's Ethics. Ithaca 1994.
Mark, Th. C. *Spinoza's Theory of Truth*. New York 1972.
Mignini, F. *Ars imaginandi*. Apparenza e rappresentazione in Spinoza. Nápoles 1981.
Parkinson, G. H. R. *Spinoza's Theory of Knowledge*. Oxford 1954.
Ramond, Ch. *Qualité et quantité dans la philosophie de Spinoza*. Paris 1995.
Robinson, L. *Kommentar zu Spinozas Ethik*, vol. 1. Leipzig 1928 (2ª ed. Londres 1980).
Rombach, H. Spinoza. *Substanz, System, Struktur*, vol. 2. Freiburg / Munique 1966, p. 9-97.
Rousset, B. *La perspective finale de l'*Ethique *et Ie problème de la cohérence du spinozisme*. Paris 1968.
Sprigge, T. I. S. Spinoza's Identity Theory. *Inquiry* 20, 1977, p. 419-445.
Vieira Neto, P. *Real, existente e concreto*. Algumas considerações sobre a ontologia de Espinosa. Tese. São Paulo 2002.
Vinciguerra, L. *Spinoza et Ie signe*. Paris 2005.
Walther, M. *Metaphysik als Anti-Theologie*. Die Philosophie Spinozas im Zusammenhang der religionsphilosophischen Problematik. Hamburgo 1971.

ÉTICA E TEORIA DOS AFETOS

Bertrand, M. *Spinoza et l'imaginaire* Paris 1983.
Bove, L. *La stratégie du conatus*. Affirmation et résistance chez Spinoza. Paris 1996.
Damasio, R. A. *Looking for Spinoza*. Joy, Sorrow and the Feeling Brain. San Diego 2003 (trad. em português São Paulo 2004).
Gleizer, M. A. *Espinosa & a afetividade humana*. Rio de Janeiro 2005.
Hampshire, St. Spinoza and the Idea of Freedom. S. P. Kashap (ed.), *Studies in Spinoza*. Berkeley 1972, p. 310-331.
Kolakowski, L. *Jednostka i nieskończoność*. Wolność i antynomie wolności w filozofii Spinozy [O indivíduo e o infinito. A liberdade e a antinomia da liberdade na filosofia de Espinosa]. Varsóvia 1958.
Matheron, A. *Individu et communauté chez Spinoza*. Paris 1969, 2ª ed. 1988.
Misrahi, R. *Spinoza, un itinéraire du bonheur par la joie*. Paris 1992.
Naess, A. *Freedom, Emotion and Self-Subsistence*. The Structure of a Central Part of Spinoza's Ethics. Oslo 1975.
Naess, A. e J. Wetlesen. *Conation and Cognition in Spinoza's Theory of Affects*. Oslo 1967.
Schrijvers, M. *Spinozas Affektenlehre*. Berna 1989.
Wiehl, R. *Die Vernunft in der menschlichen Unvernunft*. Das Problem der Rationalität in Spinozas Affektenlehre. Göttingen 1983.

POLÍTICA E RELIGIÃO

Andrade, F. D. *Pax spinoziana*. Direito natural e direito justo em Espinosa. Tese. São Paulo 2001.
Balibar, E. *Spinoza et la politique*. Paris 1985.
Cabral Pinto, F. *A heresia política de Espinosa*. Lisboa 1990.
Chauí, Marilena. *Política em Espinosa*. São Paulo 2003.
Den Uyl, D. J. *Power, State and Freedom*. An Interpretation of Spinoza's Political Philosophy. Assen 1983.
Haddad-Chamakh, F. *Philosophie systématique et système de philosophie politique chez Spinoza*. Tunis 1980.
Hecker, K. *Gesellschaftliche Wirklichkeit und Vernunft in der Philosophie Spinozas*. Tese. Regensburg 1975.
Lazzeri, Ch. *Droit, pouvoir et liberté*. Spinoza critique de Hobbes. Paris 1998.
Laux, H. *Imagination et religion chez Spinoza*. Paris 1993.
Malet, A. *Le Traité théologico-politique de Spinoza et la pensée biblique*. Paris 1966.
Matheron, A. *Le Christ et Ie salut des ignorants chez Spinoza*. Paris 1971.
_____ *Anthropologie et politique au XVIIe siècle*. Etudes sur Spinoza. Paris 1986.
McShea, R. *The Political Philosophy of Spinoza*. New York 1968.
Moreau, P.-F. *Spinoza*. Etat et religion. Lyon 2005.
Mugnier-Pollet, L. *La philosophie politique de Spinoza*. Paris 1976.
Negri, A. *L'anomalia selvaggia*. Saggio su potere e potenza in Baruch Spinoza. Milão 1981.
Persch, S. L. *Imaginação e profecias no* Tratado teológico-político *de Espinosa*. Tese. São Paulo 2007.
Röd, W. *Spinozas Lehre von der Societas*. Torino 1969.
Spinoza, science et religion. De la méthode géometrique à l'interprétation de l'Ecriture Sainte. Paris 1988.
Strauss, L. *Die Religionskritik Spinozas als Grundlage seiner Bibelwissenschaft*. Untersuchungen zu Spinozas Theologisch-politischem Traktat. Berlim 1930, 2ª ed. Darmstadt 1981.
Tosel, A. *Spinoza ou Ie crépuscule de la servitude*. Essai sur Ie Traité théologico-politique. Paris 1984.
Verbeek, Th. *Spinoza's Theologico-political Treatise*. Aldershot 2003.
Wernham, A. G. *Introduction to Spinoza*. The Political Works. New York 1958.
Zac, S. *Spinoza et l'interprétation de l'Ecriture*. Paris 1965.

BREVE TRATADO SOBRE DEUS, SOBRE O HOMEM E SUA FELICIDADE

Boss, G. *L'enseignement de Spinoza*. Commentaire du "Court Traité". Zurique 1982.
Mignini, F. *Spinoza*. Korte Verhande!ing / Breve Trattato. L'Aquila 1986.
Mignini, F. (ed.). *Dio, l'uomo, la libertà*. Studi sui "Breve Trattato" di Spinoza. L'Aquila 1990.

TRATADO SOBRE A EMENDA DO INTELECTO

Chauí, Marilena. Engenho e arte: a estrutura literária do *Tratado da emenda do intelecto*. Chauí, M. e F. Évora (eds.). *Figuras do racionalismo*. Campinas 1999, p. 31-81.
De Dijn, H. *Spinoza*. The Way to Wisdom. West Lafayette 1996.
Machado F°, M. F. *Narrações da natureza*. A concepção espinosista da verdade no *Tractatus de intellectus emendatione*. Tese. São Paulo 2007.
Mignini, F. Per la datazione e l'interpretazione del *Tractatus de intellectus emendatione* di Spinoza. *La Cultura* 17, 1979, p. 87-160.
Rousset, B. *Spinoza, Traité de la reforme de l'entendement*. Paris 1992.
Zweerman, Th. *Spinoza's inleiding tot de filosofie*. Tese. Lovaina 1983 (trad. fr. Assen 1993).

PRINCÍPIOS DA FILOSOFIA DE DESCARTES E PENSAMENTOS METAFÍSICOS

Gueroult, M. Le cogito et l'ordre des axiomes métaphysiques dans les *Principia philosophiae cartesianae* de Spinoza. *Etudes sur Descartes, Spinoza, Malebranche et Leibniz*. Hildesheim 1970, p. 64-78.
Jaquet, Ch. (ed.). *Les pensées métaphysiques de Spinoza*. Paris 2004.
Santiago, H. *Espinosa e o cartesianismo*. O estabelecimento da ordem nos *Princípios da filosofia cartesiana*. São Paulo 2004.
Schnepf, R. *Metaphysik im ersten Teil der Ethik Spinozas*. Würzburg 1996.

HISTÓRIA DA INFLUÊNCIA, ESTUDOS COMPARATIVOS

Ansaldi, S. *Spinoza et le baroque*. Paris 2001.
Bloch, O. (ed.). *Spinoza au XXe siècle*. Paris 1993.
Bollacher, M. *Der junge Goethe und Spinoza*. Studien zur Geschichte des Spinozismus in der Epoche des Sturm und Drang. Tübingen 1969.
Boss, G. *La différence des philosophies*. Hume et Spinoza. Zurique 1982.
Bouveresse, R. *Spinoza et Leibniz. L'idée d'animisme universel*. Paris 1992.
Chiereghin, F. *L'influenza dello spinozismo nella formazione della filosofia hegeliana*. Padua 1961.
Cramer, K. et al. (eds.). *Spinozas Ethik und ihre frühe Wirkung*. Wolfenbüttel 1981.
Delf, H. et al. (eds.). *Spinoza in der europäischen Geistesgeschichte*. Berlim 1994.
Gründer, K. e W. Schmidt-Biggemann (eds.). *Spinoza in der Frühzeit seiner religiösen Wirkung*. Heidelberg 1984.
Israel, J. *Radical Enlightenment*. Princeton 2001.
Macherey, P. *Hegel ou Spinoza*. Paris 1979, 2ª ed. 1990.
Otto, R. *Studien zur Spinozarezeption in Deutschland im 18. Jahrhundert*. Frankfurt a. M. 1994.
Pätzold, D. *Spinoza - Aufklärung - Idealismus*. Assen 2002.
Scholz, A. *Hauptschriften zum Pantheismusstreit zwischen Jacobi und Mendelssohn*. Berlim 1916.
Schröder, W. *Spinoza in der deutschen Frühaufklärung*. Würzburg 1987.

Spinoza en Allemagne. *Archives de philosophie* 46, 1983, p. 531-612.
Spinoza entre Lumières et Romantisme. Fontenay-aux-Roses 1985.
Timm, H. *Gott und die Freiheit*, vol. 1: Die Spinozarenaissance. Frankfurt a. M. 1974.
Vernière, P. *Spinoza et la pensée française avant la Révolution*. 2 vols. Paris 1954.
Walther, M. (ed.). *Spinoza und der deutsche Idealismus*. Würzburg 1992.
Yakira, E. *Contrainte, nécessité, choix*. La métaphysique de la liberté chez Spinoza et chez Leibniz. Zurique 1989.
Yovel, Y. *Spinoza and other Heretics*, vol. 2: The Adventures of Immanence. Princeton 1989 (trad. em português Lisboa 1993).

ÍNDICE ONOMÁSTICO

A

Aboab de Fonseca, 14

B

Bacon, F. 17, 28, 31
Balling, P. 17
Bayle, P. 16, 52-53, 130
Boulainviller, H. de 131
Boyle, R. 20, 22
Burgersdijk, F. 17

C

Clavius, Chr. 40
Colerus, J. 20, 22, 25, 97
Costa, U. da 14
Court, P. de la 25
Cudworth, R. 131
Cuffeler, A T 130

D

Descartes, R. 13, 17, 19-20, 22-24, 28-31,
　　34-35, 41-43, 54, 65, 70-71, 83-84,
　　132-135
Diderot. D. 133-135

E

Edelmann, J.Chr. 130
Enden, F. van den 17-18
Euklid 40, 77

F

Feuerbach, L. 133-135
Fichte, J.G. 133
Ficino. M. 33

G

Galilei, G. 17
Gassendi, P. 17
Glazemaker. T. H. 18-19
Goethe, J. w: von 7, 132-133
Grotius, H. 11-12 f., 17-18
Gueroult. Mo 70-71

H

Hals, F. 13
Hattem, P. van 130
Heereboord, A. 17
Hegel, G. W.F. 7, 46-47, 133,
　　135-136
Herder, J.G. 130, 132-133
Hobbes, Th. 17, 23, 38, 40, 122-123,
　　125-126, 131
Holbach, D. von 133-135
Hudde, J. 20, 22
Hume, D. 69
Huygens, Chr. 12-13, 20, 22-23

J

Jacobi, F. H. 7, 132
Jelles, J. 17

K

Kant, 1. 132-136
Karl Ludwig von der Pfalz 23-24
Koerbagh, A. 17-18, 23, 130

L

Lau, Th. L. 130
Le Clerc, J. 131
Leenhof, F. van 130
Leeuwenhoek, A. van 12-13
Leibniz, G. W. 20, 23-26, 45, 56-61, 66-67, 131-134
Leone Ebreo 33
Lessing, G.E. 131
Ludwig XIV. von Frankreich 23-24

M

Machiavelli, N. 14, 17-18, 128
Maimonides, M. 118
Malebranche, N. 131
Menasseh ben Israel, S. 13
Mendelssohn, M. 131-132
Meyer, L. 17-18, 20, 23, 25
More, H. 131
Morteira, S.L. 14-16

N

Nietzsche. F. 133-135

O

Oldenbarneveld, I. van 11-12
Oldenburg, H. 20, 22, 24-25, 31
Orobrio de Castro. I. 14

P

Pereyra, A. 14

Pico della Mirandola, G. 33
Prado, J. de 14

R

Reimarus, H. S. 131
Rembrandt 13
Rieuwertsz, J. 17, 20, 23, 25
Ruyter, M. de 23

S

Sabbatai Zevi 14, 22-23
Savile, H. 40
Schelling, F. W.J. 7, 133
Schleiermacher, F.D.E. 132-133
Schmidt, J.L.131
Scholz, H. 131-132
Schopenhauer, A. 97, 133-135
Schuller, G.H. 58, 109
Simon, R. 131
Spinoza (Familie) 11, 14-16
Stosch, F. W. 130
Suárez. F. 17

T

Thomasius, J. 20, 22, 130
Tschirnhaus, E. W. von 24-25, 40

V

Vermeer, J. 13
Vondel, J. van den 13
Vries, S. de 17

W

Wallis, J. 40
Ward, S. 40
Wilhelm I. von Oranien 11
Wilhelm III. von Oranien 23
Witt, J. de 13, 18, 20, 22-23, 25
Wolff, Chr. 46-47, 131-132

ÍNDICE REMISSIVO

A

Absoluto 29-30, 108, 131-136, 138
Ação 38, 63, 67, 78-81, 85, 88, 90, 108, 136-138
Acidente 50-51
Acosmismo 46-47, 58-59, 131-132, 137
Afeto 24-25, 30, 32-34, 36, 39, 48-49, 78-91, 94-101, 104-106, 109-110L, 119L, 121-122, 124, 137-138
Alegria 82-84, 86, 88-90, 97-98, 100-101, 106, 110-112, 115-116
Alma 32-35, 41-42, 98-99, 111
Amizade 91
Amor 32-33, 83-84, 100-101, 108, 117, 119
  a Deus 33, 101, 105-111, 117
Antropocentrismo 68-69, 96
Antropomorfismo 29, 55, 95-96, 107
Aparência 44, 46-47, 52-53, 60-61, 109-110
Aspecto 57, 59, 67-68, 74, 99, 103, 106, 109-111, 133-135, 137
Ateísmo 131-132
Atividade 14-15, 33-34, 52-53, 61-62, 67-70, 79-81, 86 L, 91, 94-96, 110-111, 114-115, 121, 124-126
Atributo 24-25, 32-33, 36, 47-51, 53-58, 60-65, 67, 72-73, 98-99
Autoconfiança 86
Autoconhecimento 70, 77
Autoconservação 16, 79, 82-86, 93-94, 102-103, 113, 126
Autoridade 16, 114-116, 118-120, 131-132
Axioma 47, 54-56, 72

B

Bem 32-36, 82-83, 85-90, 92-94, 102-103, 120-121
Benevolência 84, 90, 91
Bíblia 76-77, 116-118, 131

C

Caminho 36, 39, 111-113, 136, 138
Cartesianismo 17, 19-20, 35, 50-51, 55-56, 64-66
Causa 28, 34-35, 38, 40-43, 47, 51-59, 62-64, 68-69, 72-79, 85-86, 92-93, 100-102, 104-111, 117-118, 121-122, 128-129
Causalidade 40-41, 45-46, 51-53, 56-57, 61-63, 67-68, 99-100, 107-108, 135-136
  imanente 30, 32-33, 41-44, 51-54, 62, 77-78, 108, 137
Certeza 20, 29-30, 36, 43, 73, 111-113
Cidadão 22-23, 119-121, 125-126, 128-129
Ciência 20, 22, 45-46, 72, 77, 115-116
Coerção (coação) 14-15, 32-33, 47, 51-52, 108, 110-111, 119-120, 123
Coisa singular, ver Indivíduo
Compreender-se 75-76, 87, 90-91, 93-94, 97, 101-102, 109-113, 121, 124, 127-128, 129
Comunidade (*communitas*), comunhão 48, 59, 71, 75-76, 85-86, 90-91, 93-96, 120-121, 126-128

Comunidade política, república 12-13, 25, 120-121, 123, 128
Conceber 36-37, 41-42, 50-51, 58-59, 67-68, 73, 77, 92-93, 97-98, 106, 135-136
Concorrência 82, 84, 93-94
Conhecimento
  adequado 38, 43-44, 46-47, 52, 59, 65-66, 69-79, 86, 89, 93-94, 97-99, 107-112, 114-115, 135-136
  claro 33-34, 66-67, 70-71
  inadequado 32-33, 60, 65-72, 74-78, 92-94, 99, 109
  intuitivo 33, 74-75, 77-79, 104-107, 111-112, 137-138
  racional 33, 44, 49-50, 72-79, 111, 138
Contemplação 64-65, 71-73, 89, 97-100, 104-105, 110-111
Contingência 38-39, 45-46, 50-51, 62-63, 68-69, 71, 84, 88-89, 131-132
Contrato 121-122
Corpo 29, 33, 37-39, 48-49, 54-57, 64-73, 82, 97-100, 102-104, 111-112, 124, 128-129, 137-138
Critério 30, 32-33, 36-37, 50-51, 73, 85-86, 126-127

D

Dedução 46-47, 57, 61-62, 65-66, 137
Deficiência, carência 14-15, 28-31, 35, 37, 44, 46-47, 72-73, 106, 109-110
Definição 38, 40-42, 47, 108
Democracia 126-128
Desavença 90, 117
Desejo 82-86, 88-91, 94, 109, 117
Determinação pelo alheio 31, 45, 90, 92, 100-101, 138
Determinismo 50-51, 62, 80-81, 109-110, 131
Deus 18-19, 28-31, 33-36, 38-41, 43, 45-48, 51-54, 77, 92-94, 100-102, 105-108, 115-117, 135-136
Direito natural 122-123, 126-127
Dúvida 37, 43-44

E

Ecologia 96, 133-135
Economia 11-13, 125-126
Efeito 41-42, 48, 51-53, 62, 105-106
Emoção 82-83, 91, 101
Empenho (conatus) 63-64, 75-76, 78-88, 91-93, 99, 104-105, 123-126
Empiria 20, 22, 44, 48, 65, 76-77, 121

Erro 28, 30, 36-37, 45-46, 69-70, 112-113
Escolástica 17, 20, 56-57, 78-79
Essência 38, 40-41, 43-44, 51-57, 61-64, 67-68, 75-81, 94, 99-100, 102-107
Estabilidade 12-13, 25, 86, 120-121, 127-128
Estado 20, 22, 59, 90-91, 119-128, 130
Estrutura 3, 38-39, 46-48, 50, 52, 58-59, 62-67, 72, 74-75, 77, 79, 81-82, 90-91, 94-95, 99-102, 105-106, 126-128, 131-138
Eternidade 23-24, 32-33, 38, 47, 52-53, 57-59, 61-63, 75-78, 97-107, 109-113, 127-128, 133, 135-138
Ética 18-19, 28, 31-33, 35, 38-39, 50, 63-64, 72, 74-76, 81-82, 96, 114, 133-136
Eu 29, 30, 34-35, 42, 71
Existência 38, 41-43, 47, 50-52, 61-65, 75-77, 80-81, 94-95, 97-98, 108, 110-111, 131-132
Extensão (atributo) 29, 32-33, 55, 58, 64-65, 67, 111

F

Falsidade 32-33, 44, 73, 89
Fé 113-117, 118-120, 128-129
Felicidade 19-20, 24-25, 31-33, 38-39, 49-50, 107-108, 137
Figura de todo o universo 58, 66-67, 100-101, 127-128
Finalidade 43-44, 121
Física 65-67, 72, 124
Força 29-30, 36, 39, 44, 67, 74-75, 77-78, 80-81, 90, 105-106, 113, 119-121, 128-129, 132-133, 137-138

H

Homem 18-19, 29-33, 43-47, 49-50, 65, 70-71, 74, 77-79, 87-88, 90-97, 104-108, 111-113, 121

I

Ideia 36, 38-39, 55-57, 60-61, 64-69, 70-71, 73, 77-78, 89, 99-100
  adequada 72-73, 85-86, 98-99
  verdadeira 36-37, 60-61, 67-68, 72-73, 98-99
Identidade 52-53, 57, 66-67
Ignorância 14-15, 90, 92, 135-136
Iluminismo/Esclarecimento 17-18, 45, 92, 113, 116, 130

Imagem 69, 99-100
Imaginação (*imaginatio*) 33-35, 37, 69-75, 77-78, 84-85, 87, 91, 99-100, 104, 106
Imaginar 82-85, 92-94, 106, 116-118, 121-122
Imediatidade 33, 57-62, 77, 88-89, 103, 111-112, 114
Indivíduo 42-47, 49-50, 53-54, 57, 62-63, 75-76, 80, 85-88, 95-96, 99, 101-103, 121-128, 131
Intelecção 32-33, 35, 87, 91-93, 104, 117
Intelecto (*intellectus*) 19-20, 34-39, 45, 52, 55, 97-102
  infinito 58, 60, 70-71
Inteligibilidade 41-42, 55-56
Irracionalidade 22-23, 119-120, 131-132
Judaísmo 11, 13-18, 22-23, 133-135

J

Julgar 14, 30, 32-33, 84-85, 121, 123-129, 135-136

L

Lei jurídica 122-124, 126, 128
Liberdade 12-13, 19-20, 22-25, 30, 32-33, 38-39, 47, 89-91, 97-98, 107-115, 117-121, 125-129, 131, 133
Liberdade da vontade 30, 81-82, 87-88, 108
Luto 82-84, 88-90, 100-101

M

Mandamento (ditame, decreto) 87, 90-92, 117, 121-122, 128
Matemática 20, 22, 40, 44, 79
Melhora 19-20, 34-40, 127-128
Mente humana 28, 31, 49-50, 54-56, 64-76, 79, 82, 92-93, 97, 101-108, 111-112, 125-126, 128-129, 135-138
Metafísica 20, 48-49, 130, 135-136
Método 19-20, 30, 34-39, 48, 76-77, 79, 117-118
  geométrico (*mos geometricus*) 31-32, 40-44, 46-47, 131-132
Mística 33-34, 77-78, 98-99, 132-133
Modificação 45, 58, 62, 80-81
Modo 24-25, 38, 41-42, 49-50, 74, 95-96, 133
  finito 32-33, 45, 47, 52-53, 57-65, 102-104, 112-113
  infinito 32-33, 57-62, 72, 75-78, 126

Monismo 32-33, 52
Moral, 116, 120-122, 131
Motivação 34-35, 75-78, 103, 110-111
Movimento e repouso 58, 60, 66-68, 72, 76-77, 97
Multiplicidade 48, 50-55, 57, 65-66
Mundo da vida 36-37, 48-49, 69, 87, 94, 96, 119

N

Natureza 17-18, 38, 40-41, 76-77, 96, 126-127
Necessidade 32-33, 38-41, 45-46, 50-54, 59, 62, 71-73, 80, 94-95, 99-100, 103, 107-110, 112-113, 131-132
Nominalismo 60, 81-82
Norma 36-37, 44, 73, 81-82, 87-88, 137-138

O

Obediência 107-108, 114-116, 118
Objetivo (meta) 35, 45, 51-52, 67, 81-82, 94, 119, 133, 137-138
Objeto 30, 32-34, 36-37, 40, 55-56, 60-61, 65, 68-69, 72-74, 83-84, 93-94, 100-101, 106
Ódio 83-84, 86, 90-91, 100-102, 117, 119, 130
Ontologia 28, 38, 41-42, 46-47, 50, 52-53, 55-56, 63-64, 67-68, 72, 74-75, 79, 94, 99-103, 105-107, 122-123, 136
Opinião 33, 45-46, 83-85, 128, 135-136
Ordem 37, 41-42, 45-46, 56-57, 72-73, 99-100
Orientação no mundo 28, 44-46, 48-49, 55, 58-61, 69-70, 77, 80, 111, 135-136

P

Paralelismo 56-57, 59, 65, 68-72, 98-100
Parte 51-52, 57-60, 66-68, 70-71, 75-79, 92-93, 95-96, 103, 106-107, 111, 124, 127-128
Paz 22-23, 119-120, 124-127
Pedagogia 35, 42, 91
Pensamento (atributo) 35, 55, 60, 64-65, 67, 74
Percepção 36-37, 64-67, 69-71
Perspectiva 34-35, 60-61, 64-65, 68-69, 72-74, 84-86, 89, 94, 97, 101, 106-107, 109-112, 127-128, 137
Piedade religiosa 22-23, 114-115, 118, 120-121

Poder (*potestas*) 74, 87-88, 90-91, 100-101, 104-105, 122-123, 128-129
Política 22-23, 25, 35, 40-41, 114, 119-129
Possibilidade 30, 40-41, 45, 52, 64-65, 74-75, 77-78, 89, 94-95, 109, 131-132
Potência (*potentia*) 19-20, 25, 38-41, 51-54, 57, 61-62, 79-83, 87-88, 92, 104, 110-111, 120-126, 128-129, 135-136
Potencialidade, ver Possibilidade Princípio 7, 28-30, 42-50, 58-59, 77, 84-85, 96, 105-106, 117
Preceito, ver mandamento
Preconceito 44, 68-69, 92, 113, 118, 135-136
Propriedades 38, 40, 47, 51-52, 72-73, 77, 79, 85-86, 90-91
Próprio (peculiaridade) 29, 45, 76-77, 117-118
Público 14, 16, 20, 23-25, 114-116, 125-126, 130

R

Racionalidade 16, 29-30, 33-34, 45, 58-59, 77, 84-85, 96, 105-106, 117
Racionalismo 29-30, 43-47, 96, 131-135, 137-138
Razão (*ratio*) 16, 23, 25, 29-30, 32-33, 48-49, 82-83, 87-94, 119-122, 127-129, 137-138
Realidade 38-41, 44, 46-47, 49-50, 52, 54, 61-62, 64-65, 74, 80, 84-85, 94, 97-98, 138
Reflexão 36-37, 69-70, 85-86
Regularidade 39, 60, 66-67, 72, 87-88, 90-91, 93-94, 99
Religião 23-24, 114-121, 128, 129
Revelação 116, 118, 130

S

Saber 14-15, 33, 43, 46-47, 67-68, 74, 85-86, 92, 96, 109-110, 113, 133
Salvação 107-108, 114-115, 117
Satisfação 106, 110-111, 135-136
Sensação 48-49, 65, 67-68
Servidão, ver Determinação pelo alheio
Sistema 7, 24-25, 31, 46-50, 62-63, 107-108, 130, 133-137
Sociedade 25, 125-126, 130

Sofrimento 33-34, 36, 62-63, 67, 78-81, 84-85, 89, 98-99, 110-111, 119, 137-138
sub specie aeternitatis 59, 99, 104-107, 110-113
Substância 29, 32-33, 39, 46-57, 61-63, 74, 103, 133-135
Sujeito 29, 35, 43, 53-54, 59, 64-65, 67-68, 73, 80-81, 91, 98-99, 108-110, 132-133, 135-136

T

Teleologia 17, 44, 81-82, 87-88, 94, 112-113, 132-133
Temporalidade 43, 47, 49-50, 61-63, 71, 77-78, 88-89, 102-103, 110-113, 136-138
Teologia 22-23, 55, 114-116, 118
Todo 53-54, 57-59, 66-67, 70-71, 75-78, 103
Totalidade, ver Todo
Transcendência 20, 29-30, 35, 40-41, 52, 102-103, 135-136
Transitoriedade 32-33, 36, 49-50, 57, 61-62, 102-103, 111

U

União 32-33, 98-99, 124
Único 50-52, 54, 58, 64-65, 117, 128-129, 131-132
Unidade 50-52, 54-57, 95-96, 124, 126
Universalidade 43, 48, 50, 59, 72, 75-77, 81-82, 87-88, 90-91, 93-97, 99-102, 105-106, 110-112, 119, 132-133, 136
(Usu)fruir 32-34, 64-65, 74-75, 98-99, 110-111, 123, 126
Utilidade 85-86, 90-91, 93-94, 96

V

Verdade 31-33, 36-37, 44, 60-61, 69-70, 72-74, 84-85, 89, 115-116, 118, 131-132
Vida 14-15, 19-20, 35, 45, 48-49, 68-69, 74-77, 81-82, 88-90, 92-93, 95-100, 104-106, 111, 114-118, 120-123, 125-126, 136-138
Virtude 87-88, 90, 99, 114-115, 125-126
Vontade 29, 45